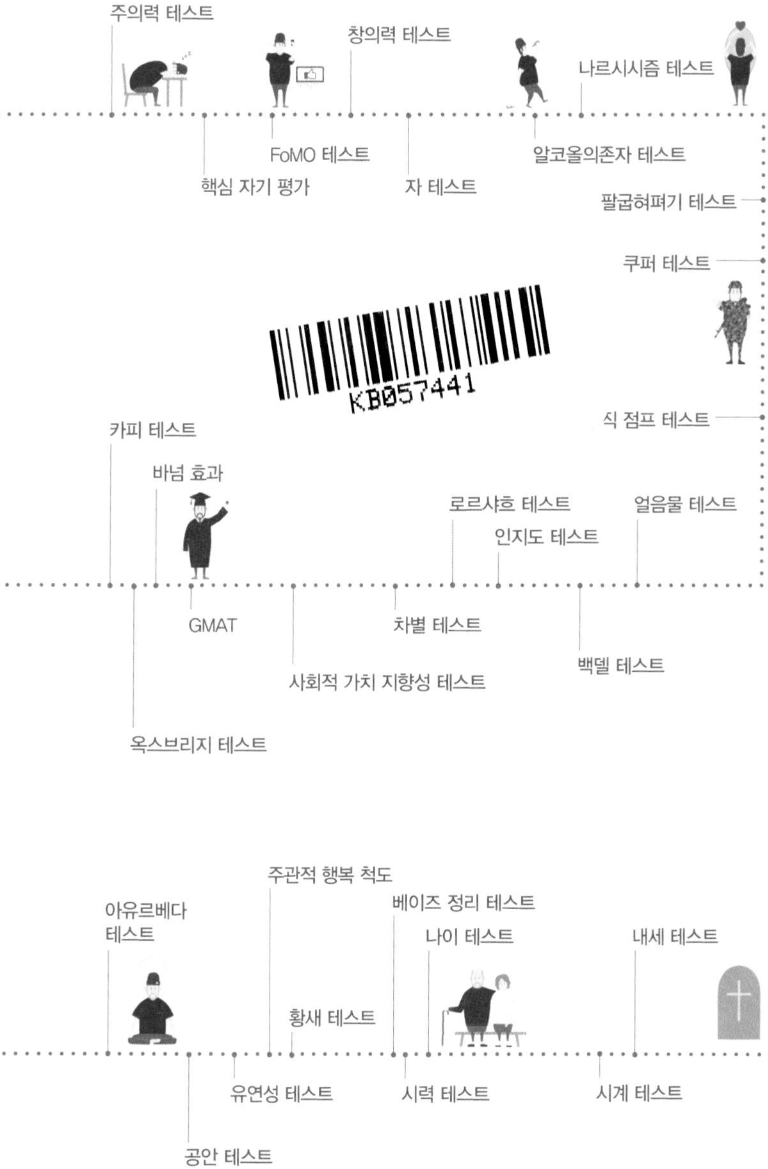

주의력 테스트
핵심 자기 평가
FoMO 테스트
창의력 테스트
자 테스트
알코올의존자 테스트
나르시시즘 테스트
팔굽혀펴기 테스트
쿠퍼 테스트
식 점프 테스트
얼음물 테스트
인지도 테스트
로르샤흐 테스트
백델 테스트
차별 테스트
사회적 가치 지향성 테스트
GMAT
바넘 효과
옥스브리지 테스트
카피 테스트
아유르베다
테스트
공안 테스트
유연성 테스트
주관적 행복 척도
황새 테스트
베이즈 정리 테스트
시력 테스트
나이 테스트
시계 테스트
내세 테스트

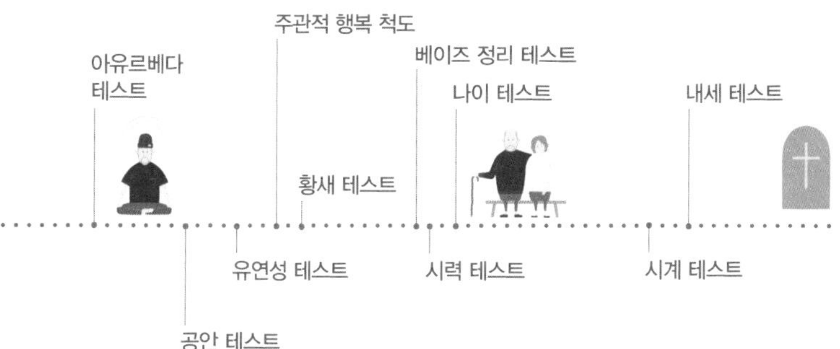

TEST
BOOK

THE TEST BOOK Fifty tools to lead you to success
by Mikael Krogerus & Roman Tschäppeler

# 테스트북

미카엘 크로게루스, 로만 채팰러 지음 | 김세나 옮김

시공사

CONTENTS

## 스킬 & 커리어

## 라이프스타일 & 사회



## 지식 & 믿음

사용설명서

# 시험대에서

## 주제 설명

사람들이 오늘날만큼 이렇게 많은 테스트를 치러야 했던 적은 일찍이 없었습니다. 모든 걸 시작하기도 전에 하나가 오고(임신 테스트), 모든 것이 다 지나고 나서도 또 하나가 옵니다(사인 규명을 위한 테스트). 그렇다면 그 사이에는? 무덤에서 요람까지, 머리에서 발끝까지, 조사와 규격화, 공식이 우리를 기다리고 있습니다. 산전 테스트, PISA(OECD 학업성취도비교 평가), 대입 시험, 운전면허 시험, 샘플링, IQ 검사, EQ 검사, 피트니스 테스트, 우울증 테스트, 치매 테스트 등 우리의 인생 전체가 테스트로 이루어져 있고 우리는 그저 실험용 모르모트일 뿐입니다.

## 이 책에서 발견할 수 있는 것들

이 책은 모두 64개에 이르는 테스트를 소개하고 있습니다. 유명한 것들도 있고 잘 알려지지 않은 것들도 있으며, 역사적인 것들이 있는가 하면 따끈따끈한 최신 테스트도 있는데, 모두 당신의 인생을 해석해주는 것들입니다. 상당수 테스트는 당신이 직접 할 수도 있지만 심각한 상황에서 당신이 어떻게 행동해야 하는지에 대해 다른 사람들의 사례를 통해 팁을 구할 수 있는 테스트도 있습니다(거짓말 탐지기 테스트, 로르샤흐 테스트, GMAT). 그리고 당신은 그 테스트가 어디에서 유래했고 어떤 점에서 비판받고 있으며 또 당신에 대한 테스트 결과는 무엇을 의미하는지를 살펴볼 수 있습니다.

기계나 상품, 혹은 방법을 검토하는 것과 같은 테스트를 기대하지는 마십시오. 이 책에 소개된 테스트들은 당신과 당신의 인생을 다루고 있습니다. 가십 잡지나 점성술을 기대해서도 안 됩니다. 이 테스트들은 (대다수가) 신뢰할 수 있는 것이고 또 학문적인 테스트 과정을 지향하고 있습니다. 재미있고 금방 해볼 수 있고 또 그 결과에 대해서 상세하게 논의해볼 수 있는 테스트를 기대하십시오.

## 테스트란 무엇인가?

테스트는 측정 방법입니다. 테스트는 원칙적으로 이분법적, 정량적, 정성적 테스트로 구분됩니다. 이분법적 테스트는 결과를 두 가지 카테고리, 예를 들어 긍정적-부정적, 옳다-그르다, 임신이다-임신이 아니다로 분류합니다. 정량적 테스트는 결과를 등급으로 평가하고 다른 사람들의 결과와 비교하게 됩니다. IQ 테스트나 스포츠 테스트가 전형적인 정량적 테스트입니다. 정성적 테스트는 설명하고 유형학적으로 분류하는 결과를 제시하는데, MBTI가 이에 해당합니다. 테스트는 강력한 도구입니다. 테스트는 누가 거기에 속하고 누가 거기에 속하지 못하는지를 판단합니다. 테스트의 분류선은 정상과 비정상, 우리와 남, 평균 이하와 평균 이상 사이를 가로지릅니다.

## 이 책의 응용법

이 책은 어디에서나 펼칠 수 있습니다. 책의 내용을 어디서부터 읽기 시작했든 중단하고 이어서 다시 살펴볼 수 있습니다. 당신 자신과 당신의 친구들, 직장 동료, 혹은 가족들을 테스트해보세요. 이 책은 호기심 있는 사람 모두를 위한 것입니다. 테스트는 우리를 특정한 틀에 넣어 유형화하는 것뿐 아니라, 나는 누구인가, 나는 무엇을 할 수 있는가, 남들과 비교해 나는 어디쯤 서 있는가도 알 수 있도록 해줍니다. 자신의 위치를 인식하고 나서야 비로소 우리는 어디로 가야 할지도 알 수 있습니다.

## 시작!

자, 이제 당신의 인생을 지금 당장 실질적으로 검토해보고 싶다면, 첫 번째 테스트로 가보십시오. 그에 앞서 가령 인류사에서 최초의 테스트는 무엇이었는지 등 테스트 전반에 대해 미리 알고 싶은 사람은 다음 페이지에 나오는 프롤로그 '테스트에 관한 짧은 이야기'부터 읽고 시작하기 바랍니다.

프롤로그

# 테스트에 관한 짧은 이야기

테스트는 인류의 역사만큼 오래됐습니다. 그 옛날부터 늘 하는 네 가지 질문이 있습니다. 바로 "너는 죄가 있는가?", "너는 할 수 있는가?", "나는 누구인가?" 그리고 "나는 아픈가?"입니다.

죄에 관한 질문은 성경에도 나옵니다. 신은 교활한 뱀의 형태를 통해 아담과 이브가 사과의 유혹을 뿌리칠 수 있는지를 시험했습니다. 그들은 뿌리치지 못했습니다. 모세 오경 가운데 네 번째 책인「민수기」에는 유명한 배반 테스트가 있습니다. 질투심 많은 남편에게 바람을 피웠다고 의심받은 아내는 성수에 흙먼지를 넣어 섞은 물을 마십니다. 그래서 배와 엉덩이가 부풀어 오르면 그녀는 유죄라고 단정되는 것입니다. 심리학적으로 입증된 거짓말 테스트는 고대 인도에서부터 전해져오고 있습니다. 거짓말쟁이로 추측되는 사람을 어두운 천막으로 들여보냅니다. 그 안에는 램프 기름을 꼬리에 미리 묻혀놓은 당나귀가 서 있습니다. 그 사람에게 당나귀의 꼬리를 잡아당기도록 하면서, 그 안의 동물이 소리를 지르면 그가 거짓말쟁이라는 뜻이라고 설명해줍니다. 사람들은 그 사람과 당나귀만 잠시 놓아둔 다음, 다시 그 사람을 천막 밖으로 데리고 나옵니다. 하지만 당나귀가 소리를 질렀는지 아닌지는 중요하지 않습니다. 사람들은 다만 그 사람의 손만 검사합니다. 손이 깨끗하면 그가 유죄라는 증거입니다. 당나귀의 꼬리를 만지지 않았다는 뜻이기 때문입니다. 이 테스트를 만들어낸 사람은 거짓말쟁이가 품고 있는 두려움을 끄집어냄으로써 유죄 여부를 판가름할 수 있다고 믿었습니다. 현대의 거짓말 탐지기도 이와 똑같은 가정에 근거하고 있습니다.

### : 신의 판결

문서로 전해지고 있는 가장 오래된 테스트 역시 죄에 관한 문제입니다. 신의 판결은 고대 중국, 인도, 소아시아에 잘 알려져 있는 방법이었습니다. 피고소인은 죄를 판가름하기 위해 '신 앞에 서야' 했습니다. 현존하는 인류의 가장 오래된 법전인 우르 남무Ur-Nammu 법전(기원전 2100년)에는 이런 신의 판결에 관해 기록되어 있는데 '강의 신명 재판'이라는 내용이 있습니다. 용의자를 강에 던져 넣어 그 사람이 가라앉으면 유죄로 판명하는 것이었습니다. 이 방법은 약간씩은 달랐지만 수천 년 동안 이어져왔습니다. 가령 중세 유럽의 마녀재판에서도 '물 시험'이 있었는데, 해석은 정반대였습니다. 가라앉지 않으면 유죄였고 익사하면 무죄였습니다(물론 이미 죽은 뒤였지만).

### : 신고 및 평가

"너는 죄가 있는가?"가 오래전부터 사람들이 다루어온 첫 번째 질문이라면, 두 번째 질문은 "너는 할 수 있는가?"입니다. 신고식, 용기 확인, 남성성의 입증 그리고 봉납식과 같은 초기 증거들을 보면 무리에 소속되기 위해선 언제나 테스트를 통한 검토가 있었음을 알 수 있습니다. 신참자는 단체에 가입하기 전에 반드시 자질과 능력을 증명해야만 했습니다. 미국 대학에서는 영향력 있는 남학생 사교클럽인 프랫Frat에 들어가고 싶은 사람은 이른바 헤이징hazing, 신참자 골리기라는 비공식적인 가입 테스트에 합격해야만 합니다. 예를 들어 다트머스대학에서는 지원자들에게 보믈렛vomele(토사물로 만든 오믈렛)을 먹입니다. 또 '나치 감옥의 아리안 형제Aryan Brotherhood in Nazi prisons' 갱단에 가입하고 싶다면 동료 죄수 한 명을 죽여야만 합니다. 마사이족 청년들은 할례 후에 깊은 숲 속에 잠자리를 마련하고, 할례를 치른 다른 청년들과 함께 그곳에서 10년간 살아야만 다시 동족에게 돌아올 수 있습니다. 과거에는 기독 세례를 받으려면 하나님에게 충실하다는 것을 증명하기 위해 1년간 기다려야만 했습니다.

사람을 출생 신분이 아닌 그 능력에 따라 판단해야 한다는 생각은 중국에서 유래했습니다. 기원후 600년경 군사적 능력과 다양한 암기력을 시험하고 작은 게임까지도 포함돼 있는 공무원 임용 시험 '과거'가 정착된 것입니다. 예를 들어 지원자들은 최종 시험에서 커다란 잔에 든 술을 모두 마시고 나서 시 한 편을 암송해야 하기도 했습니다. 이는 오늘날의 평가 기관들에서 창의력 훈련의 일종으로 응용할 수도 있을 것 같은 장면입니다.

### : 심리기술학자

최근 서구에서는 젊은이들이 가족의 환경이나 개인적 성향보다는 직업과 관련된 테스트를 토대로 진로를 선택하는 현상을 보이고 있습니다. 이런 테스트는 기계의 적합성 검사라는 형태로 20세기 초에 처음으로 등장했습니다. 미국인 프레데릭 윈슬로 테일러Frederick Winslow Taylor가 일체의 부정확성과 비효율성, 불필요한 동작이 제거된 완벽한 작업 공정을 추구했던 것입니다. 기계에선 그것이 가능했기에, 1920년대의 '심리기술학자들'은 이렇게 묻게 됐습니다. 그렇다면 왜 사람은 그와 똑같이 안 될까? 사람들은 특정한 일에 특정한 능력이 요구되며, 이 능력은 학습할 수 없다는 가정에서 출발했습니다. 그래서 지원자들의 능력은 단 한 번의 적성 검사로 조사됐고 그에 따라 적당한 직업이 판별됐습니다. 1925년 발행된 프리츠 기스Fritz Giese의 『심리기술적 적성검사 매뉴얼Handbuch Psychotechnischer Eignungsprüfungen』에는 이런 테스트들이 총망라돼 있습니다. 이 직업 적성검사를 보면 '여성적인 섬세한 손놀림 검사'에서부터, 옷과 부피가 큰 물건들을 여행 가방에 담아야만 하는 '짐 가방 테스트'까지 있습니다. 1950년대 중반, 이 테스트는 오늘날 우리가 익히 알고 있는 적성검사 형태로 바뀌었습니다. 이제는 특정 업무를 실행할 수 있는 능력이 있는지를 증명하지 않고 대신 남들보다 더 잘 일할 능력이 있는지를 판단하고 있습니다.

: 현대의 신탁

이제 세 번째 위대한 테스트 질문 "나는 누구인가?"로 가보겠습니다. 고대 그리스에서는 막다른 상황에 처했을 때 신탁에 의존했습니다. 당시 델피 신전의 신탁은 신탁을 구하는 자에게 명확한 대답 대신에 수수께끼 같은 말을 해주었는데, 바로 그 때문에 최고의 명성을 누렸습니다. 그리고 그 말은 보통 미래에 그와 관련된 일이 발생했을 때에야 비로소 이해 되곤 했습니다. 신탁이 '살고 있는' 델피 신전 위에는 "너 자신을 알라."라는 문구가 적혀 있습니다.

이 글귀는 의미하는 바가 많습니다. 이것이 바로 사람의 영혼, 성격, 그리고 기질을 측정하기 위한 모든 시도의 주요 모티브이기 때문입니다. 전체 인류사는 엄밀히 말해 고대의 신탁을 학문적인 근간으로 파악하고자 하는 시도입니다.

사람을 (그 사람의 외모나 출신 성분이 아니라) 성격을 이용해서 설명해내려는 최초의 시도는 고대 그리스에서 이루어졌습니다. 그리고 그 결과, 다혈질형, 우울질형, 점액질형, 담즙질형이라는 네 가지 개념이 탄생했습니다.(→ 기질 테스트 p. 24)

사람의 성격을 정량화하려는 다음의 진지한 시도가 있기까지는 2,000년이 넘게 지나야 했습니다. 스위스의 목사 요한 카스파 라바터Johann Caspar Lavater는 아리스토텔레스 시절에 이미 언급된 생각, 즉 머리카락 색깔과 뇌의 크기, 뼈의 구조, 혹은 코의 형태로 사람의 특성과 지능을 파악할 수 있다는 생각을 심화 연구했습니다. 인상학이라는 이 학문은 19세기와 20세기 초에 전성기를 맞았고 우생학과 광신적인 종족 우월감을 반박하는 근간 역할을 했습니다.

지그문트 프로이트Sigmund Freud의 심리 연구는 이런 해석에 대한 일종의 반대 극을 형성했습니다. 그는 가히 혁명적인 가설에서 출발했습니다. 우리의 개성과 인격이 유전적인 것이 아니라 문화의 영향을 받는다는 것이었습니다. 프로이트의 제자였던 카를 구스타프 융Carl Gustav Jung은 1921년 자신의 대표적인 저서『심리적 유형Psychologische Typen』을 통해 오늘날까지 이어지고 있는 성격 규정 방법을 개발했습니다. 융은 이 저서에서 성격 구조의 두 가지 측면, 즉 외향성과 내향성에 대해 설명했습니다. 사람은 외부 세계에 대한 행동을 통해 자신의 본모습을 보여주는데, 외향적인 사람은 시선을 외부로 향하고 내향적인 사람은 내면 세계에 더 집중한다는 것입니다.

이 두 유형을 구분하기 위해 융은 네 가지 '기능'을 동원했습니다. 사고, 감정, 감각, 직관이 바로 그것입니다. 이렇게 해서 매트릭스에 다양한 유형이 만들어지게 됐는데, 융은 이것을 역사 속의 인물들과 비교했습니다. 예를 들어 괴테는 '외향적인 직관형'으로서, 그 무엇도 개의치 않고 냉담하게 언제나 새로운 가능성만 바라보면서 '영원한 변화를 추구하며 뭔가가 만들어지기가 무섭게 다시 무너뜨려버리는 유형'이었습니다. 융은 의식적으로 이런 도식형의 분할법을 선택했습니다. 그는 사람이 가진 진정한 복합성은 결코 완벽하게 모사될 수 없다고 적고 있습니다.

: 나는 누구인가?

성격 측정은 원래 임상 수단으로 고안된 것으로서, 20세기 중반만 해도 인사 담당자들은 이것을 채용에 사용하는 한 가지 방법으로 인식했습니다. 그래서 예를 들어 인사 담당자들 사이에서는 널리 알려져 있는 MBTI®(→ 마이어스–브릭스 성격유형지표 p. 76)도 이를 위해 개발된 것입니다. 이 테스트는 외부 세계를 어떻게 대하는지에 따라서 사람을 평가합니다. 이를 위해 다음과 같은 질문들이 제시됩니다. 당신은 실용적인 사람입니까 아니면 열광적인 사람입니까? 당신의 원칙에 충실히 따르는 것과 당신의 감정에 귀 기울이는 것 가운데 어느 것이 더 중요합니까? 이런 질문들에 대해서 즉흥적으로 대답할 수도 있습니다. 하지만 좀 더 오래 생각해보면, 언제나 한 가지 정답만이 나올 수는 없습니다. 그때그때 상황에 따라 다르다는 것입니다. 왜냐하면 대부분의 상황에서 우리는 목표 지향적이고 실용적이지만, 반대로 꿈꾸는 듯이 다른 무언가에 주의를 빼앗길 수 있는 상황도 있게 마련입니다. 그래서 이런 방법이 가장 많이 지적받는 이유는 그 방법에 담긴 이중성 때문입니다. 사람은 외향적이기도 하지만 **동시에** 내향적이기도 하고 감정에 충실하면서도 **동시에** 이성에 충실할 수도 있습니다. 그런데 이 측정 방법은 회색 영역도 없고 상반되는 감정의 양립도 인정하지 않습니다.

그럼에도 이런 테스트들은 허무맹랑한 사기라고 무시되지 않습니다. 이들이 진부하면서도 동시에 천재적이라는 사실은 말콤 글래드웰Malcom Gladwell의 예에서 잘 나타납니다. 그는 대학생 시절에 한 친구와 함께 장난삼아 한 가지 테스트 방법을 만들어냈습니다. 여기에서 그는 다음과 같은 질문들을 제기했습니다.

1. 당신은 관계에 얽매이는 편인가 아니면 독립적인 편인가?(다른 질문으로 표현하자면, 당신은 상대에게서 잘 버림받는 편인가 아니면 상대를 잘 버리는 편인가?)

2. 정보: 당신은 많은 것을 필요로 하는가 아니면 특별한 것을 필요로 하는가?(다른 질문으로 표현하자면, 당신은 뭔가에 대해서 되도록 많은 것을 알려고 하는가 아니면 당신의 환상을 자극하는 모호한 정보로도 충분한가?)

3. 당신은 인사이더인가 아니면 아웃사이더인가?(다른 질문으로 표현하자면, 당신은 부모와 관계가 좋은가 아니면 상관없는 관계에 있는가?)

4. 당신은 비율형인가 아니면 데드라인형인가?(다른 질문으로 표현하자면, 당신은 맡은 일을 조금씩 나누어서 처리하는가 아니면 모든 것을 마지막에 압박을 받으면서 처리하는가?)

이 네 가지 질문을 인간관계, 생각, 가족 그리고 업무 행동의 분야에서 각각 물어보게 됩니다. 물론 이 테스트는 장난에 불과합니다. 하지만 이 질문으로 자신과 다른 사람들을 어느 정도 파악할 수 있습니다. 그것도 즉각적으로.

현대 심리학에서는 '빅 파이브' 모델이 성격 진단의 표준으로 간주되고 있습니다.(→ 빅 파이브 테스트 p. 36) 이것 역시 너무 많은 질문으로 너무 적은 것을 테스트한다는 비판을 받고 있습니다. 그러나 적어도 이 다섯 가지 성격 특징은 이원적인 분류에 그치지 않고 단계별로 분류된다는 장점이 있습니다. 그러니까 '이것 아니면 저것'이 아니라, '이것도 그리고 저것도'로 평가할 수 있는 것입니다. 이 테스트에서 한 걸음 더 나아간, 빅 파이브 테스트 2.0 버전이라 할 수 있는 '원 클릭 성격 테스트'도 있습니다. 케임브리지 대학교의 데이비드 스틸웰David Stillwell과 마샬 코진스키Michal Kosinski가 개발한 소프트웨어인데, 페이스북에서 '좋아요' 버튼을 누른 게시물을 통해 페이스북 사용자의 성격을 예측하는 방법입니다. 이들은 '좋아요' 클릭 데이터를 가지고 빅 파이브 성격 프로필을 작성해 '표준 집단'인 페이스북 친구들과 비교합니다. 우리의 사생활이 장기적으로 소셜 미디어에 반영된다는 것이 맞다면, 이런 유형학 방법은 기존의 심리 설문지의 정확성을 능가하게 될 것입니다. youarewhatyoulike.com 혹은 labs.five.com과 같은 웹사이트들은 이미 이 이론을 따르고 있습니다.

: 나를 살펴보기

현대의 성격 테스트는 테스트 방법의 본질적인 변화를 잘 보여주고 있습니다. 적성검사 혹은 심리평가는 '숙청됐고', 기질이나 퍼포먼스 검사가 많이 사용되고 있습니다. 그것도 우리 자신이 나서서 직접 실시해보는 형식으로 말이죠. 재능, 일과 생활의 균형, 섹스 생활, 정신적인 잠재력, 리스크 내성을 인터넷이나 매거진 또는 설문지나 체크 리스트의 도움으로 직접 확인해보려는 자발성이 늘고 있는 것입니다. 그 결과를 보면, 무엇보다 '내게서 더 많은 것이 나올 수 있을까?'라는 현대인들의 부단한 불안감이 잘 나타납니다. 과장해서 말한다면, '나는 누구인가?'라는 질문은 사라지고 이제는 '나는 충분히 훌륭한가?'라는 자기 지향적인 질문으로 대체되고 있다고 할 수 있습니다. 우리는 스스로를 평가하며 다른 사람들과 비교하고 우리의 약점은 은폐하고 강점을 강조하고 있습니다. 수많은 테스트의 핵심은 결국 과거를 통해(이력서, 치료 기록, 구매 행태), 현재를 통해(능력과 성격), 그리고 다른 사람들과의 비교를 통해(표준 집단, 목표 집단, 친구들) 미래의 성과와 리스크, 의도 혹은 가능성을 유추해내려는 데 있습니다. 이런 '진단적 유효성', 즉 사건에 대한 어느 정도의 예측 가능성이 이런 테스트들을 매력적으로 만들고 있는 것입니다.

: 테스트의 미래

우리 자신에 대한 광적인 관찰은 성격이나 직업에만 국한되지 않고 점점 더 육체적인 능력에까지 확산되고 있는 추세입니다. 칼로리 소비에서부터 혈압, 하루에 걷는 걸음걸이 수에 이르기까지, 우리가 상상할 수 있는 모든 개인적인 데이터들을 디지털로 조사하는 일명 셀프 트래킹Self-Tracking은 자기 자신에 대한 온전한 집중의 또 다른 표현입니다. 작가 율리 체Juli Zeh는 생명중심주의가 결국 이기주의라고 했습니다. 그녀에 따르면, 인간은 부단히 자신을 검토하고 평가하는 후보자 이상은 아무것도 아닌 존재입니다. 그리고 우리가 지향하는 표준은 페이스북 친구로 등록한 친구들입니다. 이런 방향으로 나아가고 있는 트래킹 앱은 우리의 네 번째 질문 "나는 건강한가?"로 이어집니다. 우리는 더 이상 "나는 얼마나 훌륭한가?"를 알려고 하지 않습니다. 대신 "나는 어떻게 지내는가?"를 궁금해합니다. 물론 건강은 예전부터 늘 테스트 대상이었습니다. 최초의 건강 진단 테스트는 고대 이집트의 파피루스 스미스Papyrus Smith에 의해 나왔습니다. 그러나 "건강한가 아니면 아픈가?"라는 질문에는 역사적으로 늘 전문가들만이 대답할 수 있었습니다. 하지만 오늘날엔 스마트폰 앱이 자가 진단을 해주고 있습니다.

차세대 트래킹 앱은 특정 수치들만 조사하는 데 그치지 않고 측정 데이터까지 분석합니다. 나는 어디에서 누구와 함께 언제부터 얼마나 오래 있는가? 우리의 운동, 소비, 감정, 반응이 모두 측정되고 비교돼 평가됩니다. 그리고 언젠가는 앱이 주변 사람들과의 접촉과 행동 업무가 우리에게 무엇을 가져다주었는지를 그리고 그것이 경제적으로, 정서적으로, 건강 측면에서 어떤 효과를 유발했는지까지도 모두 말해주게 될 것입니다. 이미 많은 것이 라이프 트래킹에서 혹은 기술적으로 아직 충분히 성숙하지 못한 유전자 트래킹에서 나타나고 있습니다(→ 유전자 테스트 p. 150). 그러나 우리는 우리 자신과 우리의 후손만 테스트하는 것이 아닙니다. 하루 24시간 교수의 강독 내용과 아마존에 나온 책, 호텔 서비스, 부동산 중개인의 조언, 캐스팅쇼의 후보자들, 친구들의 포스팅 내용 등등까지도 모두 테스트하고 있으며, 우리의 '평가'를 온라인 코멘트의 형식으로 직접 공개하고 있습니다. 우리는 데이터 독재 시대에 살고 있으며, 우리의 이데올로기는 측정 가능하게 됐습니다. 그리고 테스트는 현대의 신탁으로 군림하게 됐습니다.

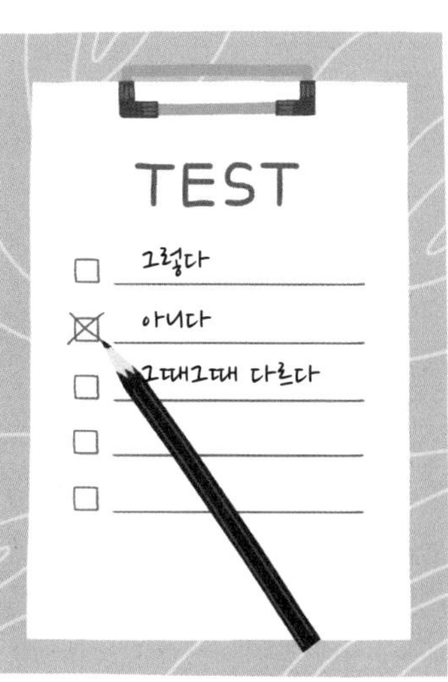
TEST
그렇다
아니다
그때그때 다르다

# T E S T

기질

&

성격

BOOK

No 기질 테스트 01

# 나는 담즙질형 인간인가?

주제 사람에 관한 일에서는 언제나 딱 두 가지가 중요합니다. 내가 남을 주목하느냐 아니면 남이 나를 주목하느냐 하는 것입니다. 우리는 자기 인식을 위해 노력하는 동시에, 남들에게 주목받고 싶어 합니다. 그것도 되도록이면 있는 모습 그대로.

TEST 이와 관련해 깊이 있는 테스트를 처음으로 실시한 사람은 자연철학자 엠페도클레스Empedocles였습니다. 그는 흙, 공기, 물, 불의 네 가지 원소를 다양한 사람들의 특성과 비교했습니다. 어떤 이들은 불처럼 뜨겁고 성급한가 하면 또 어떤 이들은 물처럼 부드럽습니다. 그는 이 네 가지 원소를 네 가지 기질로 분류했는데, 이는 신성神性과도 상응하는 것이었습니다. 흙(헤라)은 굼뜨지만 변치 않고, 물(페르세포네)은 부드럽지만 깊으며, 공기(헤르메스)는 활발하지만 변덕스럽고, 불(제우스)은 목표를 향해 끈질기게 노력하지만 격하게 분노를 토해내기도 합니다.

페르가몬 출신의 갈레노스Galenos는 히포크라테스의 체액병리학 이론에서 출발해, 오늘날까지 전해 내려오는 그 유명한 다혈질형, 우울질형, 점액질형 그리고 담즙질형 인간이라는 네 가지 개념을 발전시켰습니다.

평가 이런 명칭은 어느덧 관용어처럼 여겨지게 됐습니다. 그 정확한 의미를 잘 모른다고 해도, 주변 사람들의 이런저런 특징을 파악해 해당 유형별로 본능적으로 분류할 수 있습니다.

담즙질형은 화르르 불꽃이 일었다가 채 따뜻해지기도 전에 차갑게 식어버립니다. 다혈질형은 활발하지만 이랬다저랬다 감정 기복이 심합니다. 우울질형은 스스로에게 침잠하기 쉽고 점액질형은 다른 사람들에게 둔감합니다. 현대 심리학에 비추어 조명해보면, 이 네 가지 기질과 그 기질들의 혼합은 별로 큰 의미가 없습니다. 그래도 이는 현대 유형학적 분류의 역사적인 기초를 형성하고 있으며, 아마추어 심리학의 만능 무기입니다.

알아두면 좋습니다

당신의 기질은 당신이 부당하게 대우받고 있다고 느낄 때 제대로 드러납니다. 당신에게 아무런 이익도 주지 않는 사람을 당신이 어떻게 대하는지를 보면 당신의 성격을 알 수 있습니다.

아래의 문구는 당신과 얼마나 일치합니까?

전혀 맞지 않는다 1 2 3 4 5 완전히 일치한다

1. 나에게는 어린아이 같은 에너지와 삶에 대한 낙관적인 기쁨이 가득 숨겨져 있다. 나는 말할 때 몸짓과 표정으로도 이야기한다.

2. 나는 거리낌 없이 말하고 나의 감정을 조금도 숨기지 않는다. 대화가 격앙된 경우에도 상대방의 팔을 잡거나 터치하는 것을 꺼리지 않는다.

3. 나는 천부적인 이야기꾼으로, 다른 사람들이 내 이야기를 듣는 것을 좋아한다. 나는 다른 사람들에게 영감을 주고 그들을 웃게 만든다.

4. 나의 매력과 위트로 남들을 설득하는 것이 그다지 어렵지 않다. 그렇게 하는 데에 실제 사실은 별로 필요하지 않다.

5. 대화를 나눌 때 나는 듣기보다는 말하는 편이다. 내가 말하려는 것은 내게 매우 중요해서, 상대방이 이야기하는 도중에 끼어들어서 말하곤 한다.

6. 내 기분은 한순간 하늘로 솟아오를 만큼 기뻤다가 갑자기 땅으로 꺼질듯 흐려지곤 한다.

7. 나는 성급하고 갈팡질팡하며, 쉽게 지겨워한다. 판에 박힌 규칙적인 일들이 내게 비록 도움이 되더라도, 그런 일을 하거나 계속 지켜나가는 것이 어렵다.

8. 나는 주변 사람들로부터 사랑받고 싶어 하고 동의와 갈채를 필요로 한다. 자신에게 많은 것을 허용하고 사랑받기 위해서라면 어떤 일이라도 한다.

9. 나는 계획을 세우고 그에 따라 행동하는 편이다. 개발과 기획을 실천보다 더 중요하게 생각한다.

10. 나는 체계적이고 조직적이며 질서가 잡혀 있다. 나는 일을 꼼꼼하게 처리한다. 수학, 연구, 비용 관리, 수작업, 그래픽이 내게 편하게 느껴지는 분야들이다.

11. 나는 다른 사람들의 기분과 필요를 재빨리 알아챈다. 나는 자신과 다른 사람들을 잘 파악한다.

12. 나는 집중적이고도 폭넓은 기질을 가지고 있다. 나는 자기성찰 혹은 단 두 사람만의 깊이 있는 대화, 피상적인 수다는 거슬린다.

13. 남들에게 쉽게 만족하지 못한다. 내가 다른 사람들을 늘 챙겨줘야 한다고 생각한다.

14. 나는 좋은 면을 보고 언제나 긍정적이 되려고 노력하지만, 어떤 한 상황의 어려운 점이 늘 눈에 띈다.

15. 나는 뒤로 잘 물러서는 편이며, 혼자만의 시간을 많이 필요로 한다. 다른 사람의 도움은 내게 필요하지 않다.

16. 나는 어디에서든 무언가를 하고 있다. 나는 상황이나 다른 사람 그리고 나 자신을 끊임없이 분석하고 평가한다.

---

17. "나도 그렇게 생각해!"는 내 입에서 자주 나오는 말 중 하나다. 나는 의지나 의견을 관철해낼 필요를 거의 못 느낀다. 나는 적응력이 있다.

18. 나는 다른 사람들을 대할 때 깍듯하고 예민하고 정중하다.

19. 나는 원만하고 태연하고 늘 제정신을 갖고 있다. 늦었다거나 급한 일이 있어도 동요하지 않는다. 나는 참을성이 많고 침착하고 관대하다.

20. 나는 신랄하고 조소적인 코멘트 속에 장난기를 담은 건조한 유머 감각을 갖고 있다.

21. 나는 결정을 내리는 것이 어렵다.

22. 나는 느긋하고 무언가에 휩쓸리는 경우가 드물다. 나는 늘 '결과 나누기 비용'이라는 방정식으로 행동을 평가한다.

23. 가끔 나는 불안해하고 걱정하고 문제점들을 남몰래 이리저리 궁리해본다.

24. 나는 갈등을 잘 견디지 못한다. 분노와 실망이 내 속을 갉아먹는다.

---

25. 나는 도전을 사랑한다. 도전은 내가 해낼 수 있는 것을 보여주는 기회다. 어떠한 상황에서라도 나는 경쟁을 해본다.

26. 나는 단호하고 확고하다. 나의 의견에 반대되는 말을 하려는 사람은 세 번 생각해보고 말을 꺼낸다.

27. 나는 제3자와 무관하다고 느끼고 있다. 나는 나의 능력을 신뢰한다.

28. 나는 결정하는 것을 좋아한다. 실제로 모든 상황에서 신속하고 효율적으로 반응한다.

29. 나는 남들에게 참을성이 없다. 나는 성급하게 그리고 격렬하게 반응한다. 나는 남들의 의견이나 업무 방식을 잘 받아들이지 못한다.

30. 내 감정이나 호의를 남에게 드러내는 것이 어렵게 느껴진다.

31. 내 고집 때문에 융통성이 없는 사람이 되기도 한다.

32. 나는 워크홀릭 경향이 있다. 부단히 무언가를 시도하거나 하고 있지 않으면 행복하지 않고 심지어 나 자신이 무가치하다고 느껴지곤 한다.

---

**점수를 합산해 아래의 표에 대응시켜보세요.**

당신은 어떤 유형이 가장 두드러집니까? 어떤 유형에서 가장 낮은 점수가 나왔습니까? 당신에 대해 잘 알고 있는 사람에게 똑같은 질문을 던져 당신을 평가하도록 해보세요.

| | 문항<br>1~8 | 문항<br>9~16 | 문항<br>17~24 | 문항<br>25~32 |
|---|---|---|---|---|
| **유형** | **다혈질형** | **우울질형** | **점액질형** | **담즙질형** |
| **나의 평가** | | | | |
| **다른 사람의 평가** | | | | |

N° 로르샤흐 테스트 02

# 나는 미쳤나?

주제 심리학의 원광경原光景이라 할 수 있는 이야기가 있습니다. 신뢰가 가는 한 노인이 당신에게 테이블 위로 정사각형의 도판을 건넵니다. 거기에는 커다란 잉크 얼룩 같은 것이 보입니다. 노인이 묻습니다. "이게 뭐처럼 보입니까?"

이 유명한 로르샤흐Rorschach 검사법은 오랫동안 '영혼의 엑스레이 영상', 무의식에 대한 열쇠로 여겨져 왔습니다. 환자의 해석 속에서 그 환자의 무의식적인 메시지를 읽어내고 알고리즘을 이용해 학문적으로 평가해낼 수 있다고 믿었던 것입니다.

TEST 스위스의 정신분석학자 헤르만 로르샤흐Hermann Rorschach의 이름을 따서 붙여진 이 검사법은 로르샤흐가 어렸을 때 매우 좋아했던 '잉크 얼룩 그림Klecksography'이나 일종의 연상 게임인 '블로토Blotto'과 같은 놀이에서 착안한 것입니다.

먼저, 종이 한 장에 잉크로 얼룩을 만들고 반으로 접어 대칭형 그림이 만들어지게 합니다. 그런 다음 각자 그 그림이 무엇으로 보이는지 이야기합니다. 어린 시절 이 잉크 놀이에 푹 빠져서 이 게임을 '잉크 얼룩'이라고 불렀던 로르샤흐는 훗날 예술가가 되고자 했지만 결국에는 정신분석학자가 됐습니다. 그는 이 게임에서 한 가지 검사법을 고안해냈습니다.

로르샤흐는 피실험자의 기억과 억압돼 있는 감정이 모호한 그림을 통해 겉으로 드러나게 되고 그 피실험자의 기질 구조에 대한 귀납적 추론이 가능하다고 믿었습니다. 실험을 통해 그는 정신분열증 환자들이 이 잉크 얼룩에서 비정신분열증 환자와는 전혀 다른 그림을 인식한다는 사실을 밝혀냈습니다. 1921년 그는 열 가지 기본 문양을 창안했는데, 이 문양이 오늘날까지 그대로 사용되고 있습니다.

이 열 가지 잉크 얼룩 그림 중 다섯 가지는 컬러로, 다섯 가지는 흑백으로 돼 있습니다. 이 그림들을 피실험자들에게 정해진 순서대로 보여줍니다. 정신분석학자는 이들의 대답을 복잡한 알파벳 코드로 옮깁니다.

몇 가지 예를 들면, 잉크 얼룩을 전체적으로 파악해 대답하는 경우에는 'W'로 표기하고 얼룩의 형태와 관련된 대답에 대해서는 'F'로 기록합니다. 'M'은 사람의 움직임을 포함하는 대답이라는 뜻이고 'FM'은 동물의 움직임을 포함하는 대답에 대한 표시입니다. 또 피실험자가 얼룩을 사람으로 인식한 경우에는 'H', 동물로 인식한 경우에는 'A'로 기록하며, 얼룩의 색상만을 해석해낸 경우에는 'C'로 표시합니다.

납득할만한 대답에 대해서는 '+'로, 이해가 되지 않는 대답은 '–'로, 일반적인 대답은 'o', 특이한 대답은 'u'로 기록합니다. 흔한 대답은 'P'로 표시합니다.

**평가** 로르샤흐 테스트와 같은 이른바 투영 테스트의 가장 큰 장점은 가장 큰 단점이 되기도 합니다. 해석적 테스트는 측량적 테스트보다 환자의 자유로운 상상력에 더 많은 부분을 할애하므로, 예상하지 못했던 많은 유용한 대답을 얻을 수 있습니다. 그러나 정신분석학자의 해석의 여지 또한 크기 때문에, 그만큼 평가가 의문스럽습니다. 똑같은 대답에 대해서도 정신분석학자들마다 다르게 해석했기 때문에, 이 방법은 과거 1950년대에는 평판이 좋지 않았습니다.

이에 대한 신뢰도를 입증하기 위해, 미국의 심리학자 존 어니스트 엑스너John Ernest Exner는 수천 번의 설문 조사를 통해 기준값을 마련하기 시작했습니다. 이 '엑스너 평점 제도Exner Scoring System' 덕분에 로르샤흐 테스트는 오늘날 미국과 브라질, 일본과 같은 국가에서는 인정받고 있습니다. 반대로 유럽에서는 이 테스트가 아직 간헐적으로만 법의학 분야나 인사 평가에서 이용되고 있습니다. 이 테스트는 평범하지 않은, 준비되지 않은 상황에서 피실험자들이 어떻게 반응하는지를 알아보기 위한 재미있는 도구입니다. 우리가 잉크 얼룩에 대해서 어떻게 바라보든 간에 테스트는 프로이트의 코칭과 파블로프Pavlov의 개 실험 이외에 세 번째 상수로서 위대한 심리학자들의 역사적 연구로 영원히 남을 것입니다.

### 알아두면 좋습니다

이 테스트에서는 평균이 되는 것이 중요합니다. 따라서 창의적인 대답으로 특별한 인상을 심어주려고 하지 마세요. 생식기, 피, 유년기의 기억과 같은 대답은 물론 정신분석학자들의 흥미를 유발하겠지만, 이건 나쁜 의미에서입니다. 잘 모르겠거든 돌려 설명하지 말고 직설적으로 표현하세요. 참고로 제게는 다음 장의 그림이 그냥 잉크 얼룩처럼 보일 뿐입니다.

테스트 참가자들 대다수는 이 그림을 보고 박쥐나 나방, 혹은 나비라고 말합니다.

그림 사용 동의: Hogrefe AG, Verlag Hans Huber

N° | 빅 파이브 테스트 | 03

# 나는 누구인가?

주제 **워밍업을 위한 간단 테스트: 당신 스스로를 표현하기에 적당한 다섯 단어를 꼽자면?**

심리학자들은 시간이 흐르면서 우리의 언어가 존재의 모든 특징을 위한 특별한 개념들을 발전시켰다고 입을 모으고 있습니다. 당신에게 어떤 특징이 있든지, 그것을 묘사해줄 단어는 있게 마련입니다. 1980년대에 심리학자인 폴 코스타Paul Costa와 로버트 맥레Robert MaCrae는 눈에 띄는 모든 기질은 문화권에 상관없이 아래의 다섯 가지 성격 유형, 이른바 '빅 파이브Big Five'로 분류할 수 있음을 입증해내는 데 성공했습니다.

1. 외향성extraversion

당신은 자기 확신을 가지고 있고 적극적이고 쾌활하고 낙관적이고 사교적입니까? 그렇다면 당신은 외향적인 편입니다. 심한 외향성은 종종 부정적으로 해석되기도 하는데, 이들은 사실 남들을 잘 따른다기보다는 좀 더 독립적이고, 불안정하기보다는 좀 더 균형 잡혀 있고, 남들의 생각을 인정하기보다는 자신에 대해 좀 더 분명한 생각을 갖고 있는 것일 뿐입니다.
간단 테스트: 당신은 5분 동안 스마트폰을 보지 않고서 스탠드바에 혼자 서 있을 수 있습니까(점수 낮음)? 아니면 혼자 있느니 차라리 죽어버리는 편이 낫습니까(점수 높음)?

### 2. 친화성agreeableness

당신은 이해심과 선의, 동정심을 가지고 다른 사람을 대합니까? 자신의 이익을 전혀 생각하지 않으면서 다른 사람을 도와줄 수 있습니까? 당신은 조화가 필요합니까? 아니면 남들에게 약간 회의적으로 대합니까? 잘못을 빨리 알아차리고 협조적이기보다는 경쟁적으로 행동하는 편입니까?

간단 테스트: 다른 사람들이 당신과 함께 일하는 것을 달가워합니까(점수 높음)? 아니면 당신은 다른 사람들과 쉽게 부딪치는 편입니까(점수 낮음)?

### 3. 성실성conscientiousness

당신은 공명심이 있고 끈기 있고 체계적입니까? 강박적인 일 중독으로 넘어가기 직전의 꼼꼼함을 보이고 있습니까? 아니면 태만하거나 내지는 부주의하고, 느긋하거나 내지는 무신경하며, 무관심하거나 내지는 변덕스러운 편입니까?

간단 테스트: 당신은 시간을 엄수합니까(점수 높음)? 아니면 종종 늦는 편입니까(점수 낮음)?

### 4. 정서적 안정성neuroticism

당신은 침착하고 균형 잡혀 있으며 갑작스러운 충격에서 재빨리 회복됩니까? 아니면 걱정하고 불안해하면서 비현실적인 상상을 하는 편입니까?

간단 테스트: 당신의 인생은 이제껏 일어나지 않은 재앙들로 이루어져 있습니까(점수 낮음)? 아니면 갈등이 당신에게는 마치 방수재킷 위로 떨어지는 물방울처럼 영롱하게 빛나고 있습니까(점수 높음)?

### 5. 경험에 대한 개방성openness

당신은 학구열이 있고 상상력이 풍부하며 실험 대상이 되는 것을 즐깁니까?

당신은 쉽게 생각을 바꾸는 비전통적인 영혼의 소유자입니까? 아니면 당신은 보수적인 생각에 공감하면서 전통적인 행동을 보이는 편입니까?
간단 테스트: 당신은 쉽게 지루해합니까(점수 높음), 아니면 모든 것이 지금처럼 그대로 머물렀으면 합니까(점수 낮음)?

학자들은 이 빅 파이브를 이른바 '감금Lock-in 원칙'으로 해석합니다. 실제로 모든 심리적 성격은 이 다섯 가지 특성과 연관돼 있다는 것입니다. 빅 파이브가 오늘날 성격 평가의 표준이 된 것은 이 기준들에 대해 반박의 여지가 없어서가 아니라, 상관성으로 사용되고 있기 때문입니다.

TEST

빅 파이브에 기초하고 있는 유명한 표준 테스트 중의 하나는 바로 NEO－PI－R입니다. 이 검사는 총 240개 문항의 질문으로 구성돼 있습니다. 심리학자인 샘 고슬링Sam Gosling과 그의 연구팀은 이 테스트를 열 개의 질문으로 압축했습니다.
이 성격 척도TIPI; Ten Item Personality Inventory 검사는 빅 파이브를 이해하기 위한 첫 번째 길라잡이로 활용할 수 있습니다. 이 검사는 길이는 짧아도 성격을 파악하기에 충분합니다. 당신의 결과를 30만 명 이상의 다른 사람들 결과와 비교해볼 수 있습니다.

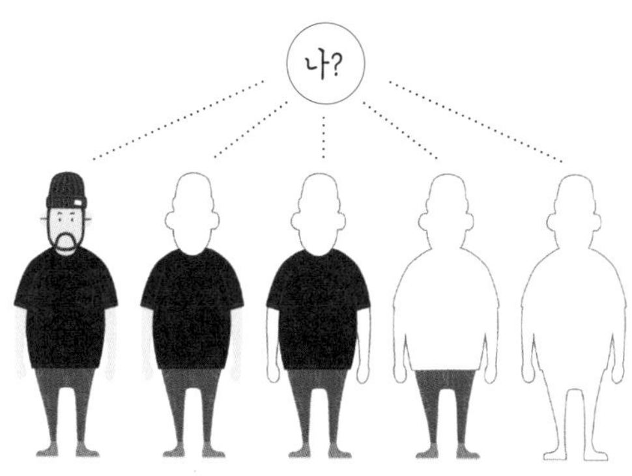


알아두면 좋습니다

면접 시에 이 성격 테스트를 실시하면, 대개의 사람은 실험 상황에서 테스트를 실시할 때보다 더 긍정적으로 평가됩니다. 하지만 거짓말하는 것은 도움이 안 됩니다. 당신은 언제나 똑같은 당신일 뿐입니다.

아래 설명이 당신과 얼마나 일치하는지를 단계 1(전혀 아니다)에서 7(완벽하게 일치한다)까지로 평가해보세요.

내 생각에 나는 :

❶ 외향적이며, 열정적이다.
❷ 비판적이며, 화를 잘 낸다.
❸ 믿을 만하며, 자기 관리를 잘한다.
❹ 불안하며, 쉽게 우울해진다.
❺ 새로운 경험에 대해 개방적이며, 복잡하다.
❻ 수줍어하며, 과묵하다.
❼ 동정심이 많으며, 따뜻하다.
❽ 계획성이 없으며, 부주의하다.
❾ 침착하며, 감정적으로 안정되어 있다.
❿ 전통적이며, 창의성이 없다.

**숫자를 이용한 자기 평가 계산법**

2, 4, 6, 8, 10번은 '역산' 문항입니다. 써넣은 숫자들을 살펴보세요. 1이라고 썼다면 이건 이 평가에서는 7점을 뜻합니다. 만약 7이라고 적었다면 이건 1점을 의미합니다. 6은 2점, 반대로 2는 6점입니다. 5는 3점, 3은 5점입니다. 그리고 4는 그대로 4점입니다. 이렇게 점수로 변환한 다음, 아래에 해당되는 번호의 점수를 더해 하나의 단위로 삼아 다시 2로 나누세요.

❶과 ❻ = 점 ÷ 2 = 외향성
❷와 ❼ = 점 ÷ 2 = 친화성
❸와 ❽ = 점 ÷ 2 = 성실성
❹와 ❾ = 점 ÷ 2 = 정서적 안정성
❺와 ❿ = 점 ÷ 2 = 경험에 대한 개방성

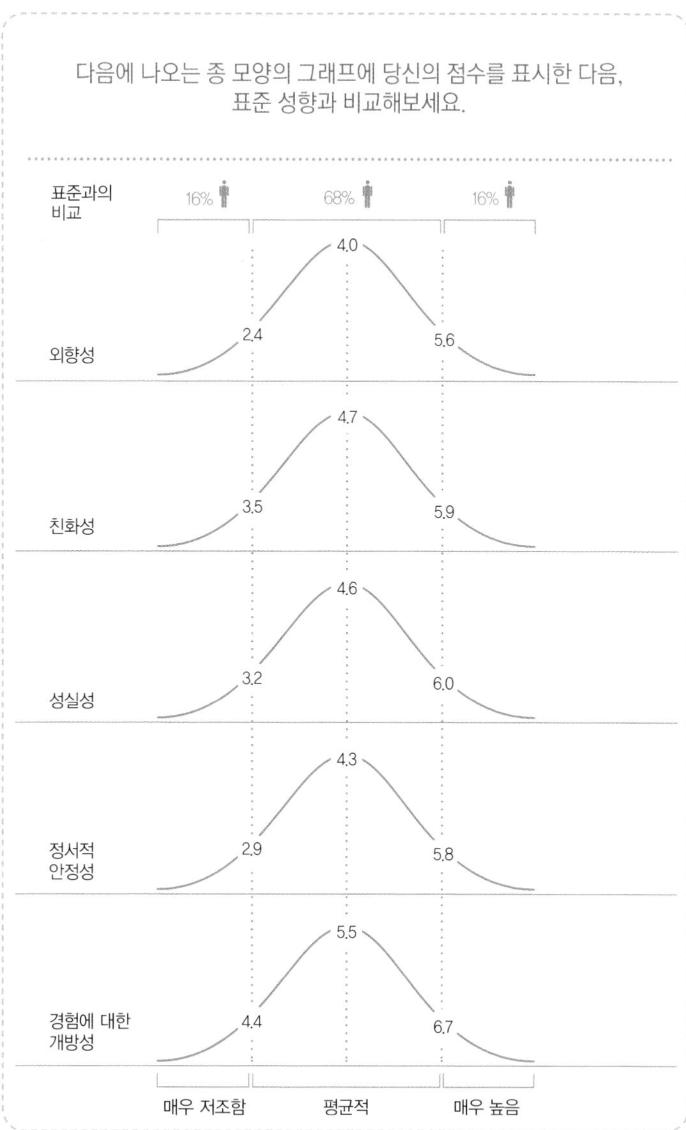


그림 사용 동의: Samuel D. Gosling et al.

Nº 핵심자기평가 04

# 나는 자의식을 가지고 있는가?

주제 자의식은 여러 감정들 중의 '샴페인'이라 할 수 있습니다. 자의식을 가진 사람이 그렇지 않은 사람보다 더 훌륭하고 더 성공하고 더 아름다운 것은 아니지만, 더 행복한 것만은 틀림없습니다. 이들이 다른 사람들보다 잘못된 결정을 내리는 경우가 더 적은 것은 아니지만, 설령 그렇다고 해도 이들은 덜 괴로워합니다. 이들도 분노나 슬픔, 회의를 느끼지만, 자기존중감을 잃지는 않습니다.

나르시스트의 과도한 자기애(→ 나르시시즘 테스트 p. 48)와는 달리, 참된 자의식은 상대방으로부터 아무런 반응이 없어도 스스로를 훌륭하게 자각합니다. 우리가 만약 제3자의 판단으로부터 독립적이라면, 자기 확신을 가지고 있는 것입니다.

심리학에서는 자의식이라고 하지 않고 자존감이라고 말합니다. 심리학자 나다니엘 브랜든Nathaniel Branden에 따르면, 자신을 좋아하기 위한 여섯 가지 원칙이 있습니다.

1. 자신이 무엇을 하고 있는지 인식하며 산다. 아무것도 억압하지 않는다.
2. 자신을 있는 그대로 인정한다.
3. 자신의 삶에 대한 통제권을 갖는다.
4. 남들의 마음에 들려고 하지 말고 자신의 신념에 충실히 따른다.
5. 목적을 가진 삶을 산다.

6. 참되게 산다. 그러니까 자신의 생각과 행동, 감정이 어느 정도 서로 조화를 이루도록 한다.

**질문: 이런 상황은 과연 측정 가능할까요?**

TEST 1965년에 나온 '로젠버그 자아존중감 척도Rosenberg Self-Esteem Scale'라는 유명한 자의식 테스트가 있습니다. 이후 자아존중감을 주제로 수백 개의 다른 척도와 테스트가 나왔는데, 그중 가장 흥미로운 것 중 하나가 바로 2002년 티모시 A. 저지와 그의 팀원들이 소개한 '핵심자기평가척도CSES; Core Self Evaluation Scale'입니다.

이 핵심자기평가에서는 직접적으로 자존감에 대해서만 묻고 있는 것이 아니라, 다른 세 가지 분야에 대해서도 깊이 파고 들어갑니다. 첫째, **자기효능**입니다. 즉 우리가 상이한 상황에서 얼마나 영향력 있는 행동을 할 수 있는가 하는 것입니다. 둘째는 **정서적 안정성**으로 우리가 부정적인 측면에 얼마나 크게 반응하고 휘둘리는가 하는 것입니다. 세 번째는 **통제 확신**으로, 우리의 행복이나 불행에 대해 스스로 얼마나 책임이 있다고 믿는지에 관한 것입니다. 열두 가지 질문에 대한 대답을 통해 0~5 사이의 CSE 수치가 나옵니다.

평가 CSE 수치가 높다는 것은 당신의 자존감이 높다는 뜻입니다. 수치가 낮은 것은 자기회의감이 크다는 것을 가리킵니다. 수치가 높은 사람은 대개 자신의 직업에도 만족하는 것으로 여러 비교 연구 결과 드러났습니다. 반대로 수치가 낮은 사람은 흔히 자신의 직업 생활에서도 행복감을 느끼지 못합니다.

일과 생활이 훌륭하게 조화를 이루는 사람(→ 스트레스 테스트 p. 214)은 CSE

수치가 보통 높습니다. 한편, 높은 자존감과 성공 사이에는 아무런 상관관계도 없는 것으로 나타났습니다. 주목할 점은 성공한 사람들의 특징이 자의식이 아닌 자기회의감에 있다는 사실입니다.

테스트에서 '나쁜' 점수를 받았다고 하더라도 절대 괴로워할 필요가 없습니다. 단점을 가지고 있는 것보다 더 나쁜 것은 자신의 단점을 인식하지 못하는 것입니다.

알아두면 좋습니다

"우리는 단지 행복하기를 원하는 것이 아니라 다른 사람보다 더 행복하기를 원한다. 그래서 이것은 달성하기 어렵다. 왜냐하면 우리는 다른 사람들이 실제보다 더 행복하다고 믿고 있기 때문이다." — 몽테스키외 아래의 문구는 당신과 얼마나 일치합니까?

전혀 맞지 않는다 1 2 3 4 5 완전히 일치한다

1. 나는 성공을 거두게 되리라 확신하며, 이는 내가 마땅히 누려야 하는 것이다.

   1 2 3 4 5

2. 때로 나는 우울해진다.

   1 2 3 4 5

3. 내가 뭔가를 시도하면, 대부분 성공한다.

   1 2 3 4 5

4. 내게 뭔가 부족한 점이 있으면, 자신이 무가치하다고 느껴진다.

   1 2 3 4 5

5. 나는 과제를 성공적으로 처리해낸다.

   1 2 3 4 5

6. 가끔 나는 업무에 대한 통제력을 잃었다는 생각이 든다.

   1 2 3 4 5

7. 전반적으로 나는 나에 대해 만족한다.

   1 2 3 4 5

8. 나의 직업적인 역량과 관련해 자기회의감을 가지고 있다.

1 2 3 4 5

9. 인생 경로는 내가 정한다.

1 2 3 4 5

10. 나의 직업적인 성공은 내가 할 수 있는 것이 아니다.

1 2 3 4 5

11. 대다수의 문제는 내가 잘 처리해낸다.

1 2 3 4 5

12. 많은 것이 어둡고 가망 없게 보이는 때가 있다.

1 2 3 4 5

**당신의 점수를 더해보세요.**

2, 4, 6, 8, 10, 12번은 '역산' 문항으로서 점수가 반대됩니다. 즉 1은 5점이고 5는 1점입니다. 또 2는 5점이고 4는 2점이며, 3은 그대로 3점입니다. 당신의 CSE 평가 결과를 알아보려면, 이렇게 해서 나온 총점을 12로 나누세요.

3 미만: CSE 수치 낮음, 3~4: CSE 수치 보통, 4 초과: CSE 수치 높음

제시된 수치는 참고 기준에 불과합니다. 표준 수치는 참고 문헌을 참조하세요.

N° 나르시시즘 테스트 05

# 나는 얼마나 나르시스적인 인간인가?

주제 나르시시즘이라는 단어는 님프에게 무심했던 나르시스라는 미소년(축구 선수 크리스티아누 호날두 타입)에 대한 전설에서 유래했습니다. 여신 네메시스는 나르시스의 교만함에 대해 무거운 형벌을 내렸습니다. 나르시스에게 충족시키기 어려운 자기애를 불어넣은 것입니다. 나르시스는 자신의 사랑이 충족되지 않는 것에 절망해 결국 호수에 빠져 죽었습니다.
나르시시스트는 남들의 경탄을 받기를 원하는 동시에 모욕받는 것에 대한 두려움을 지닌 사람들을 뜻합니다. 이들은 자의식을 갖지만, 자신의 존재가 확인되지 못하는 순간 곧바로 인간관계에 대해 두려움을 느낍니다.
나르시시스트의 특징은 불안정한 자존감과 다른 사람들에 대한 관계성의 부족에 있습니다. '내현적 나르시시스트'의 병적인 자기중심주의는 오만함이 아닌, 상처받기 쉬운 모습으로 표출됩니다. 이들은 비판에 과민 반응해 스스로를 금세 비하하며, 동시에 자신을 부단히 평가하고 관찰합니다.

TEST 1938년 헨리 머레이Henry Murray의 나르시시즘 설문 조사는 2013년 조나단 치크Jonathan Cheek의 심리학자 팀에 의해 부적응 내현적 자기애 척도MCNS; Maladaptive Covert Narcissism Scale로 다시 태어난 덕분에, 내현적 나르시시스트들을 더 잘 파악할 수 있게 됐습니다.

여러 연구 결과, 우리는 '나르시시즘의 시대'에서 살고 있는 것으로 나타나고 있습니다. 1979년부터 미시건대학교는 '대인관계 반응성 척도Interpersonal Reactivity Index'를 이용해 대학생들의 호감도 수준을 조사하고 있습니다. 그 결과, 오늘날 대학생들은 20년 전보다 서로 교감하는 능력이 40% 떨어지고 있습니다.

이와 동시에 또 다른 한 연구에서는 나르시시즘 수준이 계속 증가하고 있는 것으로 나타났습니다. 다시 말해 우리의 삶이 점점 더 피상화하고 있고 이기심이 그 무엇보다 두드러지고 있는 것입니다.

알아두면 좋습니다

이 신속 진단법은 버클리대학교에서 개발했습니다. 먼저, 둥근 테이블에 여섯 명을 앉혀서 서로 대화를 나누도록 시킵니다. 이튿날 각 사람들에게 테이블의 어느 자리에 앉았었는지를 물어보세요. 나르시시즘 성향이 강한 사람들은 다음과 같이 대답할 가능성이 높습니다. "테이블 끝이요."

## 당신을 평가해보세요.

전혀 맞지 않는다　　1　2　3　4　5　　완전히 일치한다

1. 나는 때로 나 자신과 다른 사람과의 관계 혹은 나의 건강에 대해 깊은 생각에 빠지곤 한다.

   1　2　3　4　5

2. 나는 다른 사람의 말로 인해 쉽게 상처를 받는다.

   1　2　3　4　5

3. 나는 어떤 공간에 들어설 때 다른 사람들의 시선이 내게로 향해 있다는 느낌을 자주 받는다.

   1　2　3　4　5

4. 나는 남들과 성공을 기꺼이 나누는 편이 아니다.

   1　2　3　4　5

5. 나 자신의 문제점만으로도 충분해서 다른 사람들의 문제에 대해 신경 쓰고 싶지 않다.

   1　2　3　4　5

6. 나는 대부분의 사람들과는 다르다.

   1　2　3　4　5

7. 나는 나의 사회적인 영역에서 제기되는 비판적인 언급들을 가끔 개인적인 것으로 받아들인다.

1 2 3 4 5

8. 나는 자신의 생각과 관심사에 빠져 다른 사람들을 잘 인식하지 못할 때가 있다.

1 2 3 4 5

9. 나는 적어도 어느 한 사람이 나를 좋아한다고 확신하지 못하는 이상, 그 집단에 속해 어울려 다니는 것을 좋아하지 않는다.

1 2 3 4 5

10. 다른 사람들이 내게 그들의 문제점에 대해 이야기하면서 나의 시간이나 동정을 원하는 것이 마음속으로는 방해가 된다.

1 2 3 4 5

11. 나는 매력적인 사람들을 시샘한다.

1 2 3 4 5

12. 나는 비난받으면 기가 꺾이는 느낌이 드는 편이다.

1 2 3 4 5

13. 왜 많은 사람이 나의 재능과 능력을 알아주지 않는지 의문스럽다.

1 2 3 4 5

14. 나는 사람들을 대단하거나 아니면 아예 끔찍하다고 생각하는 경향이 있다.

1 2 3 4 5

15. 왜인지는 모르겠지만 나는 가끔 폭력적인 공상을 하곤 한다.

1 2 3 4 5

16. 나는 성공과 실패에 대해 유난히 민감하다.

1 2 3 4 5

17. 남들이 내 문제점들을 이해하지 못하는 것처럼 보인다.

1 2 3 4 5

18. 나는 거절하는 것은 피하려고 한다.

1 2 3 4 5

19. 나의 내면의 생각과 감정 그리고 행동이 친구들에게 충격을 줄까 봐 두렵다.

1 2 3 4 5

20. 나는 인간관계에서 파트너를 존중했다가도 다시 무시하는 경향이 있다.

1 2 3 4 5

21. 친구들과 어울리면서도 나는 종종 외롭고 불편한 느낌을 받는다.

1 2 3 4 5

22. 나는 내가 원하는 것을 가지고 있는 사람들로 인해 기분이 상한다.

1 2 3 4 5

23. 패배와 실패는 나를 부끄럽게 하거나 화나게 한다. 그래도 나는 보통 이것을 잘 드러내 보이지 않는다.

1 2 3 4 5

---

**당신의 점수를 더해보세요 :**

50점 미만: 내현적 나르시시즘 성향 약함
50~80점: 내현적 나르시시즘 성향 보통
80점 초과: 내현적 나르시시즘 성향 강함

---

내용 사용 동의: Jonathan Cheek, Wellesley College.

N° 거짓말 탐지기 & 리드 기법 06

# 누가 내게 거짓말을 하는가?

주제 거짓말은 두려움과 일맥상통합니다. 거짓말하는 사람 누구나 거짓말이 발각되는 것에 대한 두려움을 갖고 있습니다. 따라서 의심스러운 자들을 대할 때는 그들에게서 나타나는 두려움의 징후에 주목해야 합니다. 그런데 그 징후라는 것은 어떤 것들일까요?

TEST 먼저, 기본 공식이 있습니다. 거짓말을 듣지 않고 그저 바라보기만 하는 것입니다. 거짓말하는 사람은 얼굴이 상기되고 손으로 얼굴을 가리며, 가슴에 팔짱을 낍니다. 그의 시선이 파도처럼 너울치거나, 아니면 상대방이 자신의 거짓말을 믿는지 살펴보기 위해 아주 잠깐 상대방과 시선을 맞추려고 합니다. 입이 마르는 것은 거짓말의 한 지표로 간주됐기 때문에 1,000년 전에 중국에서는 이를 쌀 테스트에 적용했습니다. 의심을 받고 있는 사람은 쌀알을 입에 넣고 있다가 질문이 다 끝난 후에 쌀알을 다시 내뱉어야 했습니다. 이때 쌀알이 말라 있으면 그 사람은 거짓말쟁이로 낙인찍혔습니다. 맥박과 혈압, 호흡 및 피부 전기 활동, 즉 감정을 통해 야기되는 발한을 기록하는 거짓말 탐지기(폴리그래프)도 기본적으로 이와 유사한 원리를 따르고 있습니다. 거짓말 탐지기 테스트는 세 단계의 질문 수준으로 구성돼 있습니다. 1) 중요하지 않은 질문들: "당신은 함부르크에서 태어났습니까?" 수사관은 당신이 진실을 이야기할 때에 어떤 태도를 취하는지를 관찰하게 됩니다. 2) 범행에 중요하지 않은 대조 질문들: "윤락업소에 가본 적이 있습니까?" 이때 수사관은 스트레스에 대한 당신의 반응을 보는 것입니다. 3) 범행에 관한 질문들: "어젯밤 11시에 어디에 있었습니까?"

**평가** 대조 질문들에 대한 당신의 스트레스 반응을 범행에 관한 질문을 받았을 때와 비교하게 됩니다. 물론 이에 대해서는 논란이 없지 않습니다. 심리 상황 자체만으로도 거짓말할 때와 같은 많은 스트레스가 유발되기 때문입니다.

알아두면 좋습니다

**:: 거짓말 탐지기 테스트 통과법**

일정하게 그러나 너무 깊지 않게 호흡을 합니다(1분에 15~30회). 최대한 재빨리 세 단계의 질문 수준을 파악하려고 노력하십시오. 대조 질문들이 바로 당신의 조커입니다. 이 질문들에 대해서는 기이한 대답을 하는 것이 좋으며, 그 전에 잠깐 호흡을 멈추거나 아니면 빠르게 해야 합니다(은밀한 팬팅 호흡: 헉헉거리는 듯한 빠르고 얕은 호흡). 대조 질문들에 대한 당신의 스트레스 반응이 실질적인 질문들에 대한 반응보다 더 강하게 나타나면, 이 테스트는 입증 능력을 상실하게 됩니다.

## 9단계 신문 기법

당신은 아마 리드Reid® 기법을 TV 드라마를 통해 알고 있을 것입니다. 이 기법은 무고한 사람들을 허위 자백하도록 만들기 때문에 독일에서는 허용되지 않습니다. 리드 기법은 사실 분석, 비난이 섞이지 않은 사전 심문, 9단계 기법으로 이루어져 있습니다. 이 방법은 용의자가 중요한 정보들을 감추고 있는 것이 분명한 경우에만 사용됩니다.

---

### 1 – 긍정적 대면

상황 증거상 명백히 용의자를 범인으로 가리키고 있다고 말하십시오. 그런 다음 목소리를 단도직입적이고 단정적인 느낌에서 이해심 넓은 톤으로 바꾸십시오.

### 2 – 범행 경위의 전개

용의자가 자신의 범행을 스스로 인정하면 자백을 받아내기가 쉬워집니다. 범행이 정당했다는 감정을 가지고 범행 경위를 묘사할 수 있도록 용의자를 도와주십시오("그 은행은 이미 구린 데가 있었죠.").

### 3 – 범행 부인에 대한 대처

용의자에게 말할 기회를 주지 마십시오. 용의자가 "전 아닙니다!"라고 말을 많이 하게 될수록 그의 반발은 확고해지고 그럴수록 자백을 받아내기가 어려워집니다.

### 4 – 반발의 압도

용의자가 어떤 경우에도 그 범행을 저지르지 않은 이유를 설명할 수 있도록 기회를 주십시오("제게도 이미 돈은 충분합니다!"). 그런 다음, 순수하게 가정에 근거해, 왜 용의자가 그 범행을 저질렀을 수도 있는지에 대해 이야기를 나누십시오.

5 – 용의자의 주의 끌기
모든 용의자는 언젠가는 공격적이고 자기합리화를 하려는 태도에서 방어적인 태도로 바뀌게 돼 있습니다. 바로 이 순간에 신체적으로 용의자에게 좀 더 가까이 접근하십시오.

6 – 행동의 해석
이제 당신은 용의자가 포기하려는 조짐(예: 눈물을 흘린다.)을 반드시 알아차려야 합니다.

7 – 대안 제시
용의자에게 범행 경위에 대한 두 가지 선택적인 질문을 제시하십시오. 그 중 하나는 용의자의 부담이 덜한 것이어야 합니다.

8 – 범행 경위의 상세화
용의자가 자백하기 시작하면, 되도록 상세하게 설명하도록 유도하십시오. 오직 범인만이 대답할 수 있는 질문들을 하십시오.

9 – 구두상 및 서류상 자백
자백은 반드시 기록으로 남겨 서명을 받아야 합니다. 기록에 작은 실수들을 첨가해서 넣으십시오. 용의자가 그것을 정정하면, 용의자가 자신이 서명한 내용이 무엇이었는지를 알고 있었다고 법원에 제출하십시오.

---

내용 사용 동의: John E. Reid & Associates, Inc.

N° | 필적학 테스트 | 07

# 나의 글씨는 무엇을 말해주는가?

주제 모든 필체마다 고유한 특징이 있습니다. 그래서 필체는 오랫동안 '뇌의 필사본'으로 여겨졌습니다. 사람들은 글씨 모양에서 그것을 쓴 사람의 특성과 능력을 파악할 수 있다고 믿었습니다. 현대 필적 분석의 창시자는 바로 장이폴리트 미숑Jean-Hippolyte Michon으로, 1875년 그는 자신의 유명한 저서 『필적학 시스템Système de Graphologie』에서 이 분석법에 이름을 붙였습니다. 그러나 1930년대에 심리학적인 해석법을 통해 이 분석법을 한 단계 끌어올린 사람은 스위스인 막스 풀버Max Pulver였습니다.

TEST 필적 평가는 표준화된 절차라는 의미에서 보면 테스트가 아니라, 특히 종이에 나타난 선의 움직임과 모양, 공간 구성을 주로 살펴보는 일종의 기술입니다. 그러나 글을 쓰는 속도, 글자의 크기, 눌러 쓰는 강도, 장식적인 곡선, 글씨의 기울기, 자간 등도 중요합니다. 평가자는 글씨가 적혀 있는 A4 용지를 관찰하면서, 광범위한 특징 카탈로그를 이용해 테스트받는 사람의 의욕, 충성심, 신중함 또는 좌절감 등 매우 특수한 특성들을 읽어냅니다.

평가 학문적인 시각에서 보면 이 해석법은 그저 신화 속 이야기처럼 들릴 수 있습니다. 그러나 1960년대까지만 해도 이 필체 분석법은 구직자의 최종 합격 여부를 결정할 정도로 매우 신뢰할 만한 수단으로 여겨졌습니다. 물론 디지털화의 진행으로 인해 손으로 글씨를 쓰는 일이 점점 사라지면서 이 필적학의 연구 대상 역시 점점 줄어들고 있습니다.
필적학자인 마르쿠스 푸러Markus Furrer가 이 책의 공동 저자인 로만 채펠러Roman Tschäppeler를 필적학 측면에서 어떻게 평가하는지를 다음에서 살펴보세요.

**알아두면 좋습니다**

필체는 사라지고 있지만, 컴퓨터 글씨로도 알아낼 수 있는 것들이 있습니다. 예를 들어 패스워드처럼 우리가 자주 사용하는 단어들을 타이핑할 때의 리듬과 속도에도 고유한 특징이 있습니다. 이런 확인 방식을 가리키는 전문 용어가 바로 '키스트로크 인식Keystroke Recognition'입니다.

## 로만 채펠러에 대한 필적학적 평가

Ich bin eine Handschrift. Früher hatte ich im Schulfach «Schönschrift» gute Noten, was mir heute schleierhaft erscheint. Was sagt der Grafologe?

"저는 손글씨입니다. 예전에는 '보고 쓰기' 과목에서
좋은 점수를 받았는데,
지금은 수수께끼처럼 모호하게 보이지요.
필적학자들은 뭐라고 할까요?"

"선의 움직임에서 나타나는 긴장감을 살펴보면, 그가 얼마나 자기확신에 차 있으며 편안해하고 있는지, 혹은 얼마나 불안해하면서 자기 에너지의 흐름을 억제하고 수축시키고 있는지를 알 수 있습니다. 위의 글을 쓴 사람은 손을 편안하게 움직이기보다는 약간 긴장된 상태로 움직이고 있습니다. 그렇다고 해서 과도하게 긴장돼 있거나 경직돼 있는 건 아닙니다. 다시 말해 이 사람은 자신의 에너지를 흥미진진하게 사용하고 있습니다. 이 사람은 적극적으로 참여하고 야망에 차서 일을 하며, 자신의 뭔가를 끌어올리려 합니다. 이 사람은 특별히 이완돼 있다거나 느긋한 것은 아니지만 꼭 많이 긴장돼 있는 것도 아니어서, 적당한 긴장 이완이 이루어지고 있습니다.
알파벳의 형태는 그 사람의 스타일을 말해줍니다. 이 사람은 알파벳을 분명하게, 이해할 수 있게, 단순하게, 과장되지 않게, 일부러 꾸민 척하지 않고 쓰고 있습니다. 다시 말해서 이 사람은 자신만의 스타일이 있습니다. 독립적이고, 다른 사람들에 대한 이해심을 가지고 있고, 가면을 쓴 생활을 하지 않고 진솔하며, 본질적인 것을 추구합니다. 이 사람은 필요하다면 자신의 주관을 굽히지 않고 비판적이고도 추진력 있게, 그러면서도 독단적이지 않게 행동합니다. 이 사람의 글씨 '형태'가 관습을 존중하고 있기 때문입니다."

필적심리학자이자 필적학자인 마르쿠스 푸러의 간략한 평가.

N° EQ 테스트 08

# 나의 감성 지능은 얼마인가?

주제

1930년 미국의 심리학자 에드워드 리 손다이크Edward Lee Thorndike는 흥미로운 관찰을 하게 됩니다. 인기 있는 사람은 똑똑한 사람이 아니라, 우리를 똑똑하다고 느끼게 해주는 사람이라는 것이었습니다. 우리는 우리를 실제 모습보다 더 훌륭하게 느끼도록 대해주는 사람들 곁에 있으려고 합니다. 손다이크는 다른 사람들을 빛나게 해주는 능력을 일종의 지능으로 간주했습니다. 이것이 바로 '사회적 지능'입니다. 미국의 저널리스트 대니얼 골먼Daniel Goleman이 자신의 베스트셀러 『EQ』를 통해 이 주제를 대중에 널리 알리기까지는 60년 이상이 걸렸습니다. 골먼은 존 D. 메이어John D. Mayer와 피터 샐로비Peter Salovey라는 두 심리학자의 논문을 인용해, 그 내용을 다음과 같이 네 가지로 요약했습니다.

1. 자기 인식: 당신은 자신의 감정을 제대로 해석하고 있는가? 당신은 왜 행복하다고 혹은 불행하다고 느끼는지 알고 있는가?
2. 자기 조절: 당신은 스스로 감정을 조절할 수 있는가?
3. 감정 이입 능력: 당신은 다른 사람들이 어떻게 느끼고 있는지 파악할 수 있는가?
4. 대인 관계 관리: 당신은 다른 사람들의 감정과 기분에 영향을 미칠 수 있는가?

감성 지능을 조사하는 데에는 MSCEIT™Mayer-Salovey-Caruso Emotional Intelligence Test가 사용됩니다. 이 툴의 EQ 등급은 55부터 145까지 있습니다. 115 이상은 평균 이상이라는 뜻입니다.
감성 지능은 특히 인사 관리와 관련해 매우 흥미로운데, 이것은 Top-Down 스타일, 즉 직접적인 리더십만이 매우 월등한 것으로 간주하기 때문입니다. 윽박지르는 대신에 감격하게 하고 자신의 실수를 시인하고 직원들을 '마중 나가고' 또 '데려오는 것', 이것이 바로 차세대 경영 능력입니다.

MSCEIT™는 매우 광범위해서, 질문에 모두 답하는 데에는 30분 정도 소요됩니다. 우리의 EQ 테스트는 단 하나의 질문으로 압축돼 있습니다.

알아두면 좋습니다

감성 지능을 한마디로 표현하면: 사람들은 당신의 존재를 어떻게 느끼고 있을까요?

## 한 가지 질문을 이용한 EQ 테스트

나는 어떤 운동을 하고 있는가?

당신이 선택한 운동은 팀 스포츠인가요, 아니면 혼자서 하는 스포츠인가요?

상당히 오래전부터 노르웨이에서는 최고경영자들이 단독 스포츠를 선호하는 현상을 두고 논의가 벌어지고 있습니다. 이들은 그중에서도 목표 달성을 오로지 혼자서 책임져야 하는 익스트림 스포츠를 많이 즐기고 있습니다. 이런 경영자들은 회사에서도 뛰어난 역량을 보였고 원래의 목표를 뛰어넘지만, 소프트 스킬(→ 리더십 테스트 p. 194)에서는 취약한 것으로 드러났습니다. 요약해서 말하자면, 감성 지능 측면에서 이들은 최고의 수준에 이르지 못하고 있습니다.

N° | 리스크 테스트 | 09

# 나는 돈을 어떻게 여기는가?

주제 심리학자들이 리스크에 대해 연구할 때면, 일반적으로 가장 즐겨 사용하는 척도가 바로 돈입니다. 왜냐하면 각 개인의 리스크 자질을 파악하는 데 있어 그 사람의 소득을 걸고 이야기하는 것보다 더 훌륭한 방법은 없기 때문입니다.

TEST 당신에게 지금 새 운동화가 필요하다고 가정해봅시다. 당신은 지금 것과 똑같은 신발을 살 것인지(물론 지금의 신발에 당신은 매우 만족해 하고 있습니다.) 아니면 다른 신발을 살 것인지 결정해야 합니다. 가격 측면에서는 차이가 없습니다. 두 신발의 장단점도 거의 비슷합니다. 당신은 어떻게 결정하겠습니까?

만약 새 신발을 고른다면 당신은 리스크를 즐기는 소비자입니다. 새 신발을 선택함으로써 당신은 이익의 가능성도 더 커졌지만 그만큼 손실의 가능성도 더 커진 셈입니다. 그 신발이 당신의 기대보다 더 좋을 수도 있지만, 반대로 당신을 실망시킬 수도 있기 때문입니다. 반대로 이미 입증된 신발을 사기로 결정했다면 당신은 리스크를 꺼리는 편입니다. 당신은 손실의 리스크를 안지 않는 대신, 잠재적인 이익도 포기하는 것입니다. 이것은 물론 악의 없는 사례입니다. 하지만 이것이 만약 운동화가 아니라 노후 보장을 위한 투자 이야기라면 어떻겠습니까?

자금 투자의 문제에서, 주식이 채권과 다르다는 사실은 누구나 알고 있습니다. 그리고 우리는 손실에 대한 보호와 안전한 수익을 원할 겁니다. 그러나 우리는 이 두 가지 중에서 한 가지만 가질 수 있습니다. 달리 표현하자면, 반드시 한 가지 리스크는 떠안아야 한다는 것입니다.

일반 심리학 측면에서는 이에 대해 아마 이렇게 물을 것입니다. "당신은 얼마나 리스크를 즐깁니까?" 행동 심리학적으로는 더욱 흥미로운 질문으로 표현됩니다. "당신은 얼마나 리스크를 감수할 수 있습니까?" 그러니까 중요한 점은 당신이 리스크를 얼마나 적극적으로 찾느냐(예: 스카이다이빙을 즐기는 것 혹은 청소년이 부모님의 자동차를 운전하는 것)가 아니라, 당신의 노력이 실패로 돌아갈 수도 있다는 전망을 당신이 얼마나 분명하게 직시하고 있느냐 하는 것입니다. 왜냐하면 결정할 때에는 심리학적으로 손실이 수익보다 더 큰 비중을 차지하기 때문입니다. 이런 리스크 감수성risk tolerance은 다음과 같은 네 가지 견해로 구분됩니다.

1. 리스크 능력 또는 리스크 수용성: 당신은 어떤 손실을 극복할 수 있는가?
2. 리스크 각오: 당신은 어떤 손실을 견뎌낼 준비가 돼 있는가?
3. 리스크 필요: 당신이 목표한 바를 실현하기 위해서는 얼마나 많은 리스크를 감수해야 하는가?
4. 리스크 부담력: 당신은 특정한 리스크를 얼마나 오래 견딜 수 있고 또 얼마나 오래 견디길 원하는가?

**평가** 스위스의 경제학자 페트라 외르크 페린Petra Jörg Perrin은 리스크 감수성에 영향을 주는 다양한 요인들을 밝혀내는 메타 연구를 실시했습니다. 그 결과는 그리 놀랍지 않았습니다. 바로 자산이 결정적인 역할을 한다는 것이었습니다.

구체적으로 설명하면 돈이 많은 사람은 자칫 완전히 파산할 우려가 있어,

절대로 많이 잃어서는 안 되는 사람보다 리스크를 더 즐기는 것으로 나타났습니다. 또 자영업자가 회사원보다 더 리스크를 즐기고 남성이 여성보다 더 리스크를 즐깁니다. 또 학력이 높을수록 리스크를 더 감행하는 것으로 나타났습니다. 결혼과 자녀, 가정은 리스크 감수성을 낮추는데, 아마도 여기에는 다른 사람에 대한 책임감이 작용하는 것으로 추측됩니다. 그리고 종교계 사람들이 리스크를 더 꺼리는 편입니다.

한편 민족과 리스크 감수성 사이에는 아무런 상관관계도 보이지 않았습니다. 마지막으로 담배를 피우고 술을 마시고 보험을 충분히 들지 않은 사람이 더 커다란 리스크를 감행하는 경향을 보입니다.

알아두면 좋습니다

리스크 감행 결정을 내리기 전에 다음의 리스크 공식을 떠올려보세요. 원하지 않은 결과가 나타날 가능성 × 그런 결과가 나타날 경우의 부정적인 효과.

해당되는 대답에 체크해 당신의 리스크 감수성을 평가해보세요.

1. 당신은 얼마나 오랫동안 투자금을 포기할 수 있습니까? 투자 대상의 구매비용와 활용 중단(개조, 수리, 안식 기간, 자녀 문제 등)도 감안해 넣으세요.

   (0) 2년 미만 (1) 2~5년 (2) 6~10년 (3) 10년 초과

2. 비상 상황 시, 계획한 투자 금액을 제외하고 당신의 수중에는 얼마가 있습니까?

   (0) 1개월치 월급 (2) 2~6개월치 월급 (3) 7~12개월치 월급 (3) 1년치 월급 이상

3. 현재 연봉 중에서 얼마를 저축할 수 있습니까?

   (0) 전혀 못 한다 (1) 약 1개월치 월급 (2) 약 2개월치 월급 (3) 2개월치 월급 이상

4. 만약 당신이 2만 달러를 투자할 수 있다고 가정할 경우, 다음 중 어떤 전략 상품을 선택하시겠습니까?

   (0) 5년 후 2만 달러 아니면 2만 2천 달러 중 하나를 받는 상품
   (1) 5년 후 1만 9천 달러 아니면 2만 3천 달러 중 하나를 받는 상품
   (2) 5년 후 1만 8천 달러 아니면 2만 4천 달러 중 하나를 받는 상품
   (3) 5년 후 1만 2천 달러 아니면 3만 달러 중 하나를 받는 상품

5. 당신의 투자 계획 기간과 관련해, 앞으로 경제가 어떻게 전개될 것으로 추측하십니까?

   (0) 모르겠다 (1) 부정적이다(불경기) (2) 중립적이다(현상 유지)
   (3) 긍정적이다(호경기)

6. 당신이 상당 금액을 주식에 투자한다고 가정할 경우, 이렇게 투자한 주식의 주가가 얼마 가지 않아 30% 이상 하락한다면 당신은 어떻게 대응하시겠습니까?

(0) 당장 모두 매도한다 (1) 주식의 일부를 매도한다 (2) 기다린다 (3) 동일 주식을 추가 매수한다

**1. 1~3번 질문에 대한 당신의 점수를 더해보세요.(괄호의 숫자가 점수입니다.)**
합계를 아래 도식의 세로축 '리스크 능력'에 표시하세요.

**2. 4~6번 질문에 대한 점수를 더하세요.**
합계를 아래 도식의 가로축 '리스크 각오'에 표시하세요.

**3. 결과를 확인하세요.**

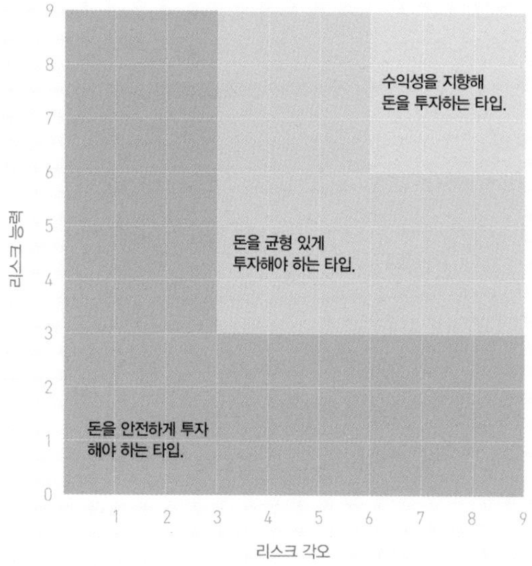

N° 사회적 가치 지향성 테스트 10

# 나는 얼마나 대담한가?

주제 이른바 '합리적 선택 이론Rational Choice Theory'이란, 우리가 무엇보다 우리 자신의 부를 꾀한다는 것입니다. 이 이론은 오직 이익 극대화를 지향하면서 행동하는 '호모 이코노미쿠스' 모델과 일치합니다. 그러나 일련의 연구들을 살펴보면 인간은 이와 다르게 행동하기도 하고 어떤 때에는 사심 없는 행동을 보이기도 합니다.

TEST 자신과 모르는 사람에게 어떻게 돈을 나눌 것인지에 대한 총 여섯 가지 방법을 피실험자에게 제시합니다. 예를 들어 자신이 100달러를 가지고 상대방에게 50달러를 주는 사람은 '이기적'입니다. 자신과 상대방에게 똑같이 85달러를 분배하는 사람은 '친사회적'입니다. 적어도 심리학자 돈 그리징거Don Griesinger와 짐 리빙스턴Jim Livingston의 1973년도 사회적 가치 지향성 척도Social Value Orientations Scale에 따르면, 누구나 여덟 가지 가치 가운데 어느 하나를 추구하고 있습니다.

평가 경쟁적competitive: 당신은 상대방의 손실을 당신의 이익으로 간주합니다. 당신의 사고방식은 'win-lose'형입니다.

이기적individualistic: 당신은 1차적으로 당신의 이익에만 관심이 있고 상대방의 손실에는 별로 관심이 없습니다. 당신의 사고방식은 'win'형입니다.

친사회적prosocial: 당신의 목적은 당신의 결정으로 인해 모두 이익을 보도록 하는 것입니다. 당신의 사고방식은 'win-win'형입니다.

이타적altruistic: 당신은 다른 사람들을 도우려고 합니다. 당신의 사고방식은 'lose-win'형이며, 이것을 개인적인 보상으로 받아들입니다.

이런 '일반'적인 네 가지 지향성 외에, 다음과 같은 네 가지 병리학적 지향성이 있습니다.

사디즘sadism: 경쟁의 극단적인 형태로서, 당신은 다른 사람들이 지는 것을 즐깁니다.

사도마조히즘sadomasochism: 당신의 목표는 당신도 상대방도 모두 지는 것입니다.

마조히즘masochism: 당신은 당신이 지기를 원합니다.

마르티리움martyrium: 다른 사람이 이기도록 하기 위해 당신이 져줍니다.

### 알아두면 좋습니다

"선물을 한다는 것은, 자신이 가장 갖고 싶어 하는 무언가를 상대에게 주는 것이다."

— 셀마 라겔뢰프

당신이라면 돈을 어떻게 분배할 것인지
해당되는 곳에 체크하세요.

그런 다음 오른쪽 그림에서 당신의 위치를 읽어보세요.

| | A | B | C | D | E | F | G | H |
|---|---|---|---|---|---|---|---|---|
| 내가 취하는 금액(달러) | 50 | 85 | 100 | 85 | 50 | 15 | 0 | 15 |
| 상대방이 취하는 금액(달러) | 100 | 85 | 50 | 15 | 0 | 15 | 50 | 85 |

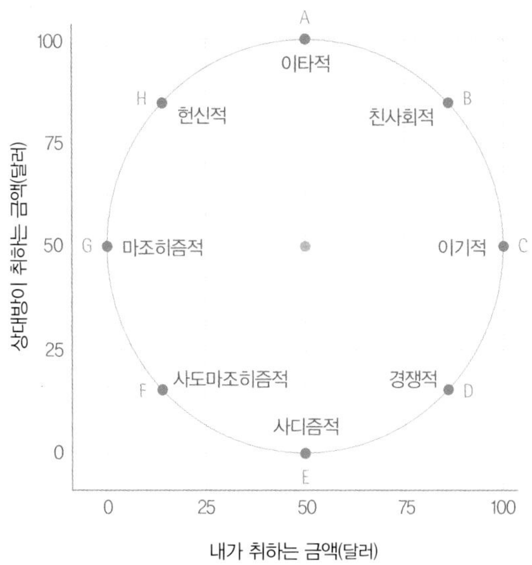


이것은 당신의 실제 프로필에 대한 단순화된 접근 방식에 불과합니다. 취리히 연방공과대학의 라이언 O. 머피Ryan O. Murphy 박사와 그의 동료들이 운영하는 웹사이트 http://vlab.ethz.ch(SVO Slider Measure)를 방문하면 더 정확한 결과를 알 수 있는 훌륭한 테스트를 접할 수 있습니다.

## N° 마이어스-브릭스 성격유형지표 11

# 나는 어떤 유형인가?

주제 크리스마스를 맞아 함께 식사하면서 캐서린 브릭스Katharine Briggs는 미래의 사위를 자세히 관찰했습니다. 워싱턴 출신의 평범한 가정주부였던 브릭스는 자신의 직관적인 성격과는 다른, 그의 실용적이고도 꼼꼼한 성격에 매료됐습니다. 그가 자신의 딸에게 맞는 제대로 된 사람인지 알아보기 위해, 브릭스는 칼 구스타브 융Carl Gustav Jung의 개인심리학을 근거로 설문지를 만들어냈습니다. 몇 년 후인 1941년 그녀는 마이어스-브릭스 성격유형지표Myers-Briggs Type Indicator, 줄여서 MBTI를 발표했고, 이것이 바로 오늘날 모든 성격 테스트의 모체가 되었습니다. 이 지표는 현재 가장 널리 알려진 성격 유형 검사법의 하나로 손꼽히고 있으며, 특히 미국에서 인기가 높습니다. '《포천Fortune》 500대 기업'에 선정된 기업의 대다수가 이 검사법을 이용하고 있으며, 연간 미국인 150만 명이 이 테스트를 해보고 있습니다. 맥킨지McKinsey 기업컨설턴트들이 각자의 코드('ENTJ', 'ISFP')를 마치 자신의 전화번호처럼 아예 외우고 있다는 것도 유명한 이야기입니다. 종종 이 코드들은 프로젝트를 시작하기 전에 각자 누구와 일을 해야 하는지 모두가 알 수 있도록 보란 듯이 걸려 있기도 합니다.

TEST 원래 이 테스트는 설문 조사 형식으로 돼 있습니다. 50문항의 질문을 이용해 열여섯 가지 성격 유형으로 구분하는데, 각 유형은 네 자리의 알파벳 코드로 돼 있습니다.

절대 규칙: 모든 유형이 다 긍정적입니다. 따라서 나쁜 평가가 나온다거나 평가에서 떨어지는 일은 없습니다. 이 테스트는 다음과 같은 네 가지 기준 척도를 사용합니다.

외향형(E: extraversion) 또는 내향형(I: introversion): 에너지를 가져오는 곳이 기준이 됩니다.
외향형의 사람은 다른 사람과의 관계를 통해 에너지를 얻는 데 비해, 내향형의 사람은 자신의 아이디어와 구상에 깊게 빠지는 편입니다.

감각형(S: sensing) 또는 직관형(N: intuition): 정보를 받아들이는 방식이 기준이 됩니다.
감각형의 사람은 사실과 세부 정보를 신뢰합니다. 반면 직관형의 사람은 상관관계를 찾고 가능성을 신뢰합니다.

사고형(T: thinking) 또는 감정형(F: feeling): 정보를 처리하는 방식이 기준이 됩니다.
사고형의 사람은 분석에 기초해 합리적으로 결정을 내립니다. 감정형의 사람은 조화를 창출할 수 있는 결정을 내립니다.

판단형(J: judging) 또는 인식형(P: perceiving): 주변을 대하는 방식이 기준이 됩니다.
판단형의 사람은 조직적이고 질서 정연하고 체계적입니다. 인식형의 사람은 즉흥적이고 유연하며, 모든 가능성을 되도록 오래 열어둡니다.

☞ 당신 자신을 즉흥적으로 판단해보면 당신은 외향적입니까(E), 아니면 내향적입니까(I)? 당신은 사실에 집중합니까(S), 아니면 직관에 집중합니까(N)? 당신은 합리적인 편입니까(T), 아니면 감성적인 편입니까(F)? 당신은

계획을 세우는 타입입니까(J), 아니면 유연하게 생활하는 편입니까(P)? 당신의 코드는 어떻게 나왔습니까? 뒤의 두 페이지에서 각 유형에 대한 상세한 설명을 읽어보세요.

**평가** 이 테스트는 당신의 재능이나 능력 또는 성격을 평가하는 것이 아니라, 네 가지의 성격 선호 지표 상에서 당신의 위치가 어디쯤 되는지를 살펴보는 것입니다. 네 자리의 코드는 각 지표에서 더 우월하게 나타나는 성향을 대표하는 알파벳으로 조합됩니다.

그런데 'ENTP'인지 아니면 'INTJ'인지가 왜 중요한 것일까요? 그건 우리가 스스로를 잘 알고 있어야만 다른 사람들도 이해할 수 있기 때문입니다. 심리학에 나오는 이야기를 이리저리 마구 섞어놓은 것처럼 들리겠지만, 다른 사람들과 협력하는 데 있어 이는 매우 중요한 의미를 지닙니다. 남들이 우리와는 다르게 일하고 생각한다는 것을 이해하고 받아들이지 못하면 절대로 공동 프로젝트를 성공적으로 마칠 수 없습니다. 중요한 것은 각 유형에 대한 설명이 우리에게 정확히 일치하는지 아닌지 하는 문제가 아니라, 사람들이 일하는 방식이 매우 상이하다는 인식을 가지는 것입니다. 가령 결정의 근거로서 데이터를 선호하는 사람들(S)은 아마도 세부 사항에 집중하고 커다란 맥락에 관심을 두면서 직관적으로 결정을 내리는 사람들(N)에 대해 좀 옹졸하게 평가할 것입니다. 외향적인 사람들(E)은 내향적인 사람들(I)을 이해하는 데 어려움을 겪는 경우가 종종 있습니다. 내향적인 사람들을 수줍어한다고 여기거나, 그들의 폐쇄성을 오만함이나 무능력으로 오인하기도 하는 것입니다. 반대로 내향적인 사람들은 외향적인 사람들이 피상적이고 비약적이고 생각이 필요하다고 여깁니다. 'J'형은 데드라인을 늘 염두에 두고서 업무를 체계적으로 처리합니다. 그래서 모든 가능성을 마지막까지 열어두는 습관이 있는 'P'형으로 인해 '미치고 팔짝 뛰려고' 합니다. 당신이 이 알파벳 코드를 이용해 상대방의 스타일을 파악하고 있으면, 그의 행동에 대해 좀 더 많은 신뢰와 관용을 베풀 수 있을 것입니다.

### 알아두면 좋습니다

모든 성격 테스트에 대해서 온갖 회의적인 시각들이 제기되고는 있지만, 그래도 당신이 향후에 집단으로 업무를 추진할 때 유념해두어야 할 사실이 있습니다. 바로 사람들은 서로 다른 두 가지 방식으로 에너지를 얻는다는 것입니다. 어떤 사람들은 집단 속에서 에너지를 얻지만(E), 또 어떤 사람들은 혼자 있음으로써 에너지를 얻습니다(I).

## 열여섯 가지 MBTI® 유형

'나는 어떤 유형인가?' 하고 자문해보세요.
아니면 당신을 잘 알고 있는 누군가에게 당신이 어떤 유형에 속하는지 분류해달라고 부탁해보세요.

**ISTJ**

당신은 침착하고 진지합니다. 당신의 성공은 철저함과 신뢰성에 기초하고 있습니다. 당신은 현실적으로 평가하고 냉정하면서도 실질적이며 책임감이 강합니다. 당신의 결정은 이성에 근거합니다. 당신은 목표를 향해 체계적으로 업무를 추진하며 방향을 잘 바꾸지 않습니다. 당신은 인생, 사생활, 업무 등 모든 것을 조직적으로 관리하는 것을 즐깁니다. 당신에게는 전통과 충성심이 중요합니다.

**ISFJ**

당신은 차분하고 친절하며, 책임감이 강하고 사교적입니다. 믿음직스럽고도 꾸준하게 당신에 대한 기대를 충족시켜내는 당신은 정확하고 철저해서, 치밀한 편에 가깝다고 할 수 있습니다. 당신은 충성스럽고 이해심 많으며 신중합니다. 또 당신에게 중요한 사람들의 작은 변화까지도 꼼꼼하게 살핍니다. 당신에게는 잘 정돈되고 조화로운 사생활과 직장 생활이 중요합니다.

**INFJ**

당신은 아이디어와 인간관계, 물질적 소유의 의미와 그 상관관계를 추구합니다. 당신은 사람들에게 동기를 부여하는 것이 무엇인지를 알려고 하며, 타인과의 교감 능력이 뛰어납니다. 당신에게 중요하다고 생각되는 일이라면 당신은 양심에 따라 성실히 행동하고 그에 대해 의무감을 가집니다. 당신은 공동체에 중요한 것이 무엇인지를 알고 있으며, 당신이 생각하는 것을 조직적이면서도 단호하게 실천해나갑니다.

**INTJ**
당신은 독창적으로 생각하고 당신의 아이디어를 실현하고 목표를 달성하기 위해 매우 많은 노력을 기울입니다. 당신은 일의 패턴의 장기적인 결과를 신속하게 파악해내는 능력이 있습니다. 일단 동기가 부여되면, 당신은 매우 조직적으로 그리고 신뢰감 있게 행동합니다. 회의적이고 독립적으로 생각하는 경향이 있는 당신은 능력과 성과에 있어 자신은 물론 타인에게도 까다롭로운 기준을 내세우는 편입니다.

**ISTP**
당신은 관대하고 유연합니다. 당신은 과묵한 관찰자입니다. 그러나 일단 문제가 나타나면 당신은 신속하게 행동하고 유용한 해결책을 찾아냅니다. 일어나는 일에 대해 분석적이며, 문제의 근원을 파악하기까지 아무리 많은 데이터도 가뿐히 훑어보며 깊이 있게 연구합니다. 당신은 현상보다는 원인에 관심을 두며, 사실을 체계화하기 위해 논리적인 원칙들을 이용합니다. 당신은 효율성을 중시합니다.

**ISFP**
당신은 과묵하고 친절하고 감정이입 능력이 뛰어납니다. 당신은 지금 이 순간을 만끽하며, 있는 그대로의 모습을 보여주고 또 시간을 잘 배분해 활용하는 것을 좋아합니다. 당신의 가치에 대해, 당신과 가까이 있는 사람들에 대해 당신은 충직합니다. 당신은 부조화와 갈등을 회피하며, 당신의 견해를 결코 다른 사람들에게 강요하지 않습니다.

**INFP**
당신은 이상주의자입니다. 자기 자신의 가치에 대해 그리고 당신과 가까운 사람들에 대해 늘 충성스럽습니다. 당신의 삶은 당신이 생각하는 이상과 조화를 이루어야 합니다. 당신은 호기심이 많고 가능성들을 재빨리 인식해내며 생각을 행동으로 옮깁니다. 또 사람들을 이해하고자 하며 그들의 잠재력이 실현될 수 있도록 돕고자 합니다. 당신은 적응력이 뛰어나고 유연하고 이해심이 많습니다. 바로 그 때문에 당신의 가치가 때론 의문시되기도 합니다.

**INTP**
관심 있는 모든 것에 대해 당신은 논리적인 설명을 추구합니다. 이론적이고 구체적으로 생각하길 좋아하며 사회적인 상호작용보다는 아이디어에 관심이 더 많습니다. 당신은 과묵하고 겸손하고 유연하고 적응력이 뛰어나며 문제 해결에 몰두하는 데에 매우 뛰어난 능력을 가지고 있습니다. 회의적이고 가끔은 비판적이며, 언제나 분석적입니다.

**ESTP**
당신은 활달하고 너그럽고 과제에 대해 실용적으로 접근합니다. 이론이나 구상은 당신을 지루하게 만듭니다. 당신은 일을 만들고 문제를 해결하길 좋아합니다. 당신은 현실을 살아가며 즉흥적이고 또 다른 사람과 함께 뭔가를 감행해보는 것을 즐깁니다. 안락함과 스타일이 당신에게는 중요합니다. 당신은 무언가를 직접 하면서 배우는 편입니다.

**ESFP**

당신은 개방적이고 이해심 많습니다. 당신은 삶과 사람, 사물, 화려함을 사랑합니다. 무언가를 달성하기 위해 다른 사람들과 협력하는 편입니다. 직장 생활에서 당신은 사람들에 대한 건전한 이해심과 현실적인 생각을 지니고 있어, 함께 일하는 것을 좋아합니다. 당신은 유연하고 즉흥적이며 새로운 사람이나 환경에 잘 적응합니다. 당신은 다른 사람들과 함께 새로운 것을 시험해보면서 가장 잘 학습합니다.

**ENFP**

당신은 열정적이고 아이디어가 풍부합니다. 장애보다는 가능성을 더 먼저 봅니다. 신속하게 생각하면서, 다양한 사건과 정보들 사이의 연결고리를 만들어냅니다. 당신은 호평을 많이 받으려고 하는 동시에 남들에게도 호평해주고 인정해주고 또 도와줍니다. 당신은 즉흥적이고 유연하며 스스로의 즉흥적인 연설 능력과 말재주를 신뢰합니다.

**ENTP**

당신은 신속하고 기지가 넘치며, 활발하고 주의 깊고 꾸밈없고 또 문제 해결에도 창의적입니다. 당신은 개념적인 가능성을 개발하고 이를 전략적으로 분석하는 것을 좋아합니다. 일상적이고 판에 박힌 것을 지루해하며 어떤 일을 똑같은 방식으로 반복하는 일이 드뭅니다. 언제나 새로운 것에 관심을 갖습니다.

**ESTJ**

당신은 실질적으로 상황을 평가하고 현실적이고 객관적이며, 결정 내리는 것을 좋아하고 단호합니다. 당신은 결정한 것을 신속하게 이행하고 프로젝트를 기획해 실행되도록 합니다. 세부 사항에까지 신경을 쓰면서 이를 규칙화합니다. 분명하고 논리적으로 생각하며 이를 체계적으로 수행해나가고 다른 사람들도 그렇게 하기를 기대합니다.

**ESFJ**

당신은 마음이 따뜻하고 양심적이며 협조적입니다. 가까운 주변과의 조화를 중시하며, 조화를 만들어내기 위해 단호하게 일을 합니다. 주어진 과제를 차례대로 정확하게 이행하려고 합니다. 당신은 아무리 사소한 일이라도 신뢰감 있게 처리해냅니다. 다른 사람들이 필요로 하는 것을 알고 있으며 기꺼이 그들을 돕습니다. 당신은 당신이 하고 있는 일에 대해서 남들로부터 인정받길 원합니다.

**ENFJ**

당신은 마음이 따뜻하고 동정심이 많으며 남들의 일에 잘 개입합니다. 당신은 다른 사람들의 감정과 필요, 동기를 잘 파악하는 감각을 지니고 있습니다. 당신은 모든 것에서 가능성을 봅니다. 당신은 충직하고 비판과 칭찬에 예민합니다. 사교적이고 중재 능력이 뛰어나며, 남들에게 영감을 주는 리더십을 갖고 있습니다

**ENTJ**

당신은 사물에 대해서 있는 그대로 이야기하고 단호하며, 특히 리더로서의 과제를 훌륭하게 소화해냅니다. 비논리적이거나 비효율적인 진행 혹은 방법에 대해서는 망설이지 않고 바로 지적하며, 조직상의 문제들을 해결하기 위해 광범위한 시스템을 개발해냅니다. 당신은 장기적인 기획이나 목표 설정을 중요하게 생각합니다. 일반적으로 당신은 훌륭하게 정보를 받아들이고 읽어내는 능력이 있으며, 스스로와 남들을 더욱 발전시켜나가는 것을 즐깁니다. 당신은 당신의 생각을 설득력 있게 표현합니다.

이것은 사용 동의를 얻어 축약한 것입니다.
자세한 사항은 참고 문헌에 있습니다.

# TEST

신체
&
건강

BOOK

N° | 알코올의존자 테스트 | 12

# 나는 술을 너무 많이 마시는가?

주제 음주와 관련해서 정말로 대답하기 어려운 질문이 있습니다. 얼마만큼 마시는 것이 너무 많이 마시는 것인가 하는 겁니다. 냉정하게 대답하면, '술을 필요로 하는 사람은 술에 중독된 것'이라고 할 수 있습니다. 그런데 좀 더 신중한 사람이라면 아마 이렇게 물을 것입니다. "술을 마셔도 되는 시간은 몇 시부터일까?" 프랑스어에는 하루 업무를 다 마치고 마시는 술을 뜻하는 '아페로Apéro'라는 단어가 있습니다. 업무를 끝낸 직후에 공복 상태에서 마셔서, 술 마신 사람을 천당 아니면 지옥으로 보내기도 하는 그야말로 끝내주는 술입니다. 천당에 갈 수도 있다고 말하는 것은, 맥주 첫 잔을 아주 빠른 속도로 다 마셔버리기 시작해서 석 잔이면 모두 끝나버리기 때문에 이보다 더 달콤한 술이 있을 수 없다는 뜻입니다. 반대로 지옥에 갈 수도 있다고 하는 것은, 술이라는 것이 언제나 주는 것보다 가져가는 것이 더 많은 친구이기 때문입니다.

의학적으로는 음주를 금주, 비문제성 음주, 문제성 음주 그리고 알코올의존으로 구분합니다.

속성 진단을 위해 의사들은 영어 키워드 네 개의 머리글자를 딴 'CAGE 테스트'를 이용하고 있습니다.

1. 당신은 술 마시는 것을 줄일 필요가 있다고 생각한 적이 있습니까? (Cut

down on drinking)

2. 당신은 자신의 음주에 대한 비난을 성가시게 느껴본 적이 있습니까? (Annoyance)

3. 당신은 당신의 음주에 대해서 죄책감을 느낀 적이 있습니까? (Guilt)

4. 당신은 아침에 해장술을 마셔본 적이 있습니까? (Eye opener)

**평가** 네 개의 질문 중 두 개에 긍정적인 대답을 했다면 알코올의존의 가능성이 높은 것이며 추가적인 임상 병리학적 평가(스크리닝)를 받아 보는 것이 좋습니다.

알아두면 좋습니다

"술은 모든 것을 보존해준다. 품위와 비밀만 빼고." — 로베르트 렘프케

당신에게 해당되는 대답에 체크하세요.

세계보건기구의 AUDIT(알코올장애 확인 검사)-C 설문 조사를 통해
문제성 음주 소비 여부를 판단할 수 있습니다.

☞ **표준 1잔 = 맥주 3잔, 와인 1잔 또는 브랜디 2잔**

1. 당신은 얼마나 자주 술을 마십니까?

A ☐ 전혀 안 마신다

B ☐ 1달에 1번 이하

C ☐ 1달에 2~4번

D ☐ 1주일에 2~4번

E ☐ 1주일에 5번 이상

2. 술을 마실 때 보통 하루에 얼마나 마십니까?

A ☐ 표준 1~2잔

B ☐ 표준 3~4잔

C ☐ 표준 5~6잔

D ☐ 표준 7~9잔

E ☐ 표준 10잔 이상

3. 하루에 표준 6잔 이상 마시는 적이 얼마나 자주 있습니까?

A ☐ 전혀 없다

B ☐ 1달에 1번 미만

C ☐ 1달에 1번

D ☐ 1주일에 1번

E ☐ 날마다 혹은 거의 날마다

---

**체크한 항목의 점수를 모두 더하세요.:**

A = 0점, B = 1점, C = 2점, D = 3점, E = 4점 남성의 경우 5점 이상, 여성의 경우 4점 이상인 경우 문제성 음주를 시사합니다.

☞ 이 테스트는 전문가의 진단을 대체하지는 못합니다.

사용 동의: WHO, Department of Mental Health and Substance Dependence, Genf.
AUDIT, The Alcohol Use Disorders Identification Test (2001)

No | 우울증 테스트 | 13

# 나는 우울한가?

주제 지그문트 프로이트가 없었더라면 카우치는 그냥 평범한 가구였을 겁니다. 그런데 이 평범하다는 것은 도대체 무슨 의미일까요? 그리고 나는 평범할까요? 환자가 스트레스 상황에서 숨거나 아니면 우울해하는지를 확인하기 위해서는 두 가지 질문에 대한 대답을 살펴보는 것만으로 충분할 때가 많습니다.

TEST 『두 가지 질문이면 충분하다Two questions are as good as many』는 1996년 미국의 한 심리학자가 펴낸 책 제목입니다. 센세이셔널한 반응을 불러일으킨 이 책은 딱 두 가지 질문에 대한 대답을 통해 환자가 우울증 증세를 보이는지 여부를 판단할 수 있음을 보여주었습니다.

평가 질문서와 속성 테스트들은 일반적으로 정신적 장애 성향에 대한 징후를 보여줄 뿐, 절대로 객관적인 입증 자료는 아닙니다. 의학적으로 유효한 우울증 진단은 결국 심리학자가 상세한 '표준화된 환자 인터뷰'를 통해 내릴 수 있을 뿐입니다.

한편 (자가) 테스트는 임상 병리학 분야에 있어, 의사의 경험과 감정을 대체하기에는 아직 갈 길이 멉니다. 두 가지 질문을 이용한 테스트라는 아이디어는 가정의들이 환자들에게서 가장 먼저 접하게 되는 우울증 증상들을 관찰함으로써 탄생했습니다. 의사들 대다수는 기존 설문지들이 지나치게 광범위하다고 여겼습니다. 그런데 이 두 가지 우울증 설문은 환자들을 전문 심리학자들에게 보내 검사를 받도록 해야 할지를 신속하게 판단해낼 수 있는, 간단하면서도 매우 유용한 방법으로 확인됐습니다. 두 가지 설문 테스트 이외에 다른 환자건강설문PHQ; Patient Health Questionaires도 많이 있습니다.

알아두면 좋습니다

"바꿀 수 없는 것을 잊어버리는 사람은 행복하다." — 카를 하프너

## 두 가지 질문.

1.

**지난달에 당신은 가라앉거나 슬프거나 침울하거나 희망이 없는 느낌이 든 적이 있습니까?**

예 ☐ 아니오 ☐

2.

**지난달에 당신은 평소 당신이 즐겨 하던 일에 대한 욕구나 즐거움이 감소한 적이 있습니까?**

예 ☐ 아니오 ☐

두 가지 모두 '아니오'로 대답했다면, 심리학자가 당신을 임상학적 우울증으로 진단할 가능성이 거의 없습니다. 한 가지 질문에는 '예'로, 나머지 한 가지에는 '아니오'로 대답한 경우라면, 불면증과 불안증, 죄책감, 집중력 장애, 욕구 상실, 자살 충동 등과 같은 다른 전형적인 증상들에 대해서 살펴봐야 합니다. 만약 두 질문에 모두 '예'로 대답했다면, 꼭 전문 상담을 받아야 합니다.

PHQ-2는 PHQ-D의 축약판으로, R. L. Spitzer, J. B. Williams 및 K. Kroenke에 의해 개발됐습니다.

N° 체질량 지수 14

# 나는 너무 뚱뚱한가?

주제 일반인은 물론 의학자들도 과체중을 막고자 맹세한 듯 다들 한결같이 입을 모으고 있습니다. 저녁 6시 이후에는 절대로 탄수화물을 섭취하지 말자! 설탕은 안 된다! 하루에 만 보씩 걷자! 그런데 체중이 얼마일 때부터 이런 대책을 시행해야 할까요?

TEST 체질량 지수Body Mass Index, 줄여서 BMI라고 불리는 간단한 테스트가 오래전부터 비만의 척도로 활용되고 있습니다. 이 지수는 1997년부터 세계보건기구WHO의 기준이 됐습니다. BMI의 성공은 간단한 계산법{체중(kg) ÷ 키의 제곱(m²)}과 확실한 분류 체계에 근거하고 있습니다. 즉 지수가 18.5 미만이면 저체중, 18.5~24.9는 정상, 25~29.9는 과체중 그리고 30 이상이면 비만으로 분류됩니다.

평가 이 지수에도 약점은 있습니다. 첫째, 과체중의 기준인 25라는 지수가 자의적으로 정해진 것입니다. 둘째, BMI는 체격과 체지방 비율, 체표면, 성별 또는 나이를 고려하지 않습니다. 따라서 여러 신체값을 서로 비교할 때만 비로소 이 BMI의 평가가 좀 더 공신력을 갖게 됩니다.

WHtRWaist-to-Height Ratio은 허리둘레와 키의 비율을 의미하는 것으로서, 복부 주변에 건강에 위험한 지방이 축적돼 있는지 여부를 알려줍니다. 신체의 지방 분포를 분석하는 데에는 여성의 경우에는 복부와 삼두근 및 엉덩이의 피부 주름을, 남성의 경우에는 복부와 가슴 및 허벅지의 피부 주름을 측정하는 것보다 더 간단하면서 믿을 만한 방법이 없습니다. 생체전기저항분석법BIA; Bioelectric Impedance Analysis은 사람이 감지하지 못하는 전류 자극을 이용해 체성분을 조사하는 방법입니다. 근육은 지방보다 더 무겁습니다. 근육 비율이 높으면서 BMI가 높은 것이 지방 비율이 높으면서 BMI가 높은 것보다 덜 나쁩니다.

**알아두면 좋습니다**

권투 선수들은 시합을 앞두고 단기간에 체중을 감량하는 것을 가리켜 '달인다'라고 합니다. 적게 마시고 비옷을 입고 이뇨제를 복용하면 땀 배출이 극대화돼 체중 감량이 잘 됩니다. 그러나 이는 결코 바람직하지 않습니다.

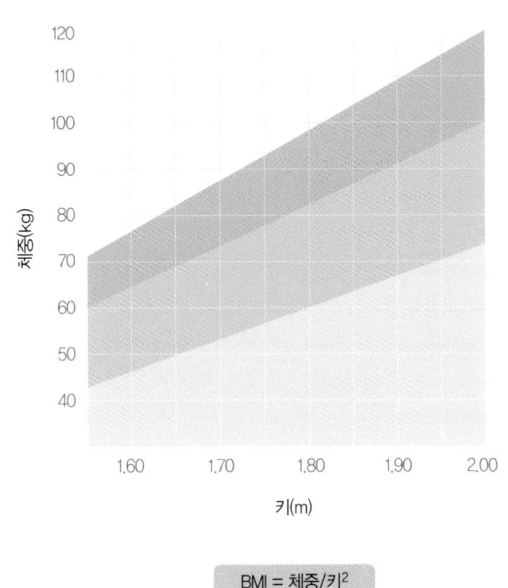
120
110
100
90
80
70
60
50
40
체중(kg)
1.60
1.70
1.80
1.90
2.00
키(m)
BMI = 체중/키$^2$

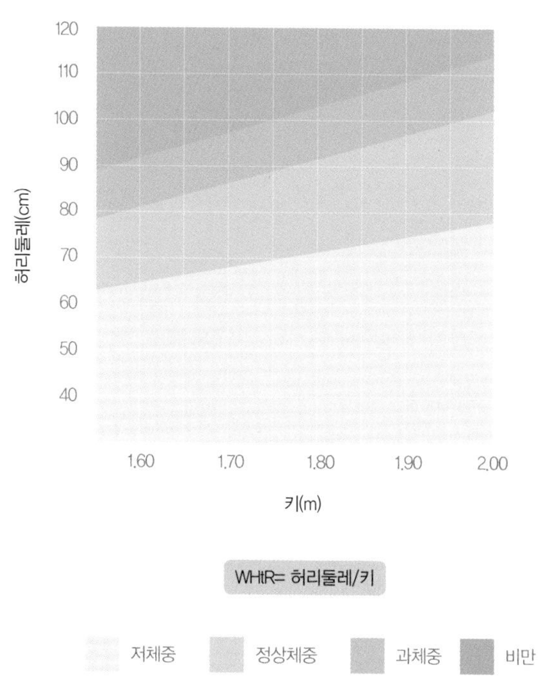
120
110
100
90
80
70
60
50
40
허리둘레(cm)
1.60
1.70
1.80
1.90
2.00
키(m)
WHtR= 허리둘레/키
저체중
정상체중
과체중
비만

N° 팔굽혀펴기 테스트 15

# 나는 힘이 센가?

주제 이 테스트는 가장 오래된 훈련 기술 중 하나로서 오늘날까지도 여전히 많이 사랑받고 또 그만큼 많은 두려움의 대상이 되기도 합니다. 이 아이디어는 요가에서 유래한 것으로 추측되고 있습니다. 해맞이 자세를 취하면서 여섯 번째 자세에서 팔굽혀펴기와 유사한 '차투랑가 단다사나Chaturanga Dandasana' 동작을 취하게 되는데, 이 동작은 14세기에 비로소 '하타프라디피카Hathapradipika' 경전의 643절에서 언급됐습니다.

서구에서는 20세기 초가 돼서야 군대를 위주로 이 훈련이 확산됐습니다. 이스라엘 군대의 바–오르Bar-Or 테스트는 팔굽혀펴기 약 40회를 요구하고 있으며(시간 무제한), 미국의 네이비실Navy Seal은 2분 동안 80회를, 핀란드의 공수부대 '라스쿠바레예에케리laskuvarjojääkäri'는 60초 안에 48회를 실시하도록 돼 있습니다. 스위스를 포함한 많은 국가에서는 더 이상 팔굽혀펴기를 실시하지 않고 몸통의 힘을 테스트하기 위해 '플랭크plank'를 실시하고 있습니다.

TEST 남성들은 '밀리터리 푸시업 동작'을 취합니다. 즉 양손과 양 발끝을 바닥에 대고 양손은 어깨 넓이로 벌립니다. 시선은 손가락 끝을 향하게 하고 양팔을 쭉 뻗습니다. 두 발은 나란히 좁게 붙여주고 등은 곧게 폅니다. 팔꿈치는 최대한 몸에 바짝 붙이고 엉덩이는 힘을 줘서 안으로 말아줍니다. 그런 다음 양팔을 동시에 구부려, 상체가 바닥에서 약 15cm 정도

거리를 두거나 위팔이 바닥과 평행하게 될 때까지 계속 낮춰줍니다. 여성도 같은 동작을 취하되, 무릎을 바닥에 대고 실시하세요.

**알아두면 좋습니다**

1. 팔굽혀펴기는 '지구력'이 필요한 동작입니다. 지구력은 탄력성보다 더 쉽게 향상됩니다(→ 수직 점프 테스트 p. 104). 약간의 훈련으로도 팔굽혀펴기 횟수가 빠르게 늘어날 것입니다.

2. 스스로를 속이세요! 팔굽혀펴기를 2회씩 할 때마다 숫자를 헤아려보세요. 15까지 헤아렸다면, 당신은 벌써 30회를 실시한 것입니다.

3. 척 노리스Chuck Norris는 팔굽혀펴기를 몇 개나 할까요? 끝이 없습니다!

당신이 할 수 있는 만큼 팔굽혀펴기를 하세요.

| ♂ 나이 | 20~29세 | 30~39세 | 40~49세 | 50~59세 | 60세 이상 |
|---|---|---|---|---|---|
| **매우 좋음** | 55 초과 | 45 초과 | 40 초과 | 35 초과 | 30 초과 |
| **좋음** | 45~55 | 35~45 | 30~40 | 25~35 | 20~30 |
| **썩 나쁘지 않음** | 32~44 | 22~34 | 19~29 | 13~24 | 10~19 |
| **썩 좋지 않음** | 20~31 | 15~21 | 14~18 | 9~12 | 7~9 |
| **나쁨** | 0~19 | 0~14 | 0~13 | 0~8 | 0~6 |

| ♀ 나이 | 20~29세 | 30~39세 | 40~49세 | 50~59세 | 60세 이상 |
|---|---|---|---|---|---|
| **매우 좋음** | 50 초과 | 40 초과 | 35 초과 | 30 초과 | 20 초과 |
| **좋음** | 35~50 | 25~40 | 20~35 | 15~30 | 6~20 |
| **썩 나쁘지 않음** | 16~34 | 13~24 | 10~19 | 7~14 | 4~5 |
| **썩 좋지 않음** | 8~15 | 6~12 | 5~9 | 4~6 | 2~3 |
| **나쁨** | 0~7 | 0~5 | 0~4 | 0~3 | 0~1 |

제시된 수치는 참고 기준에 불과합니다. 표준 수치는 참고 문헌을 참조하세요.

N° | 수직 점프 테스트 | 16

# 나는 얼마나 높이 뛰는가?

주제 **농구할 때, 라이브 콘서트에 갔을 때, 도망칠 때 등 점프력이 필요하지 않은 때가 거의 없습니다. 그런데 이 점프력은 어떻게 측정할까요?**

TEST 가장 잘 알려진 측정법은 바로 수직 점프 테스트입니다. 먼저 높은 벽 옆에 서세요. 양 어깨를 수평으로 한 상태에서 당신이 주로 쓰는 팔을 위로 쭉 뻗어보세요(→ 손 사용 테스트 p. 132). 벽에 손가락 끝이 닿은 위치가 측정 시작점입니다. 보조자가 이 지점을 분필이나 테이프로 표시해주어도 좋습니다. 이제 할 수 있는한 최대한 높이 점프합니다. 무릎을 구부리거나 팔의 스윙 동작을 이용해 탄성을 얻어도 좋습니다. 손가락 끝으로 가능한 한 벽의 가장 높은 지점을 터치하세요(손가락 끝에 분필을 묻혀서 벽에 지문이 남도록 할 수도 있습니다.).

평가 첫 번째 측정 지점과 두 번째 측정 지점 사이의 거리를 측정하세요. 이것이 바로 당신의 수직 점프 결과입니다. 세 번 시도해서 가장 좋은 결과로 평가하면 됩니다. 미래의 프로 농구 선수들에 대한 테스트가 실시되는 NBA 프리 드래프트Pre-Drafts에서 해리슨 반스Harrison Barnes는 2012년 무려 96.5cm라는 어마어마한 기록을 냈습니다.

☞ 고강도 훈련으로 곧바로 덩크슛을 할 수 있으리라는 지나친 기대는 하지 마세요. 점프력은 탄력성으로 좌우되는 능력이라 훈련하기가 매우 힘듭니다.

### 알아두면 좋습니다

높이 잘 뛰지 못하는 사람들에게 크게 도움이 되는 루이스Lewis 공식을 소개합니다.

평균 힘(단위: 와트) = $\sqrt{4.9 \times 9.81 \times \text{체중(kg)}} \times \sqrt{(\text{점프 결과(m)} \times 9.81}$

체중이 많이 나갈수록 점프할 때에 더 많은 질량이 움직여줘야 합니다. 따라서 무거운 사람은 점프 결과가 더 나쁠 수밖에 없거나 아니면 더 많은 힘과 노력을 들여 점프해야 합니다.

최대한 높이 점프해 보세요.

| | ♂ | ♀ |
|---|---|---|
| **매우 좋음** | 50 초과 | 40 초과 |
| **좋음** | 35~50 | 25~40 |
| **썩 나쁘지 않음** | 16~34 | 13~24 |
| **썩 좋지 않음** | 8~15 | 6~12 |
| **나쁨** | 0~7 | 0~5 |

제시된 수치는 선수용 기준입니다. 표준 수치는 참고 문헌을 참조하세요.

No | 쿠퍼 테스트 | 17

# 나의 지구력은 어느 정도인가?

주제 우리의 근육에 에너지를 공급하는 방식은 두 가지가 있습니다. 호기성 방식과 혐기성 방식입니다. 호기성 방식은 '유산소 운동'을 뜻합니다. 공기를 많이 들이마실수록 산소 소비도 늘어나고 그만큼 에너지 방출도 증가합니다. 혐기성, 즉 무산소 에너지 공급은 예를 들어 스프린트와 같은 고부하 조건에서 에너지의 방출을 돕습니다. 이 무산소 방식은 공기를 들이마시기 직전에 아주 짧은 시간 동안만 기능합니다. 우리의 육체는 다시 유산소 에너지 공급 방식으로 전환하도록 우리를 몰아댑니다.

TEST 1968년 군의관이었던 케네스 쿠퍼Kenneth Cooper는 신병들의 유산소 지구력을 테스트하기 위한 간단한 방법을 개발했습니다. 병사들을 12분간 뛰도록 한 후에 그들이 얼마나 멀리까지 뛰었는지를 관찰하는 것이었습니다. 쿠퍼의 이 유명한 에어로빅스Aerobics 테스트는 오늘날까지도 지속되고 있는 조깅 히스테리 연구의 시발점이 됐습니다. 예전에는 조깅을 그저 달리기라고 부르며 단순히 힘든 운동이라고 여겼지만, 이제 조깅은 건강한 운동으로 평가되고 있습니다. 물론 쿠퍼 테스트로 측정한 수치가 피트니스에 대한 신뢰할 만한 지표인지에 대해서는 논란이 있습니다. 쿠퍼 테스트가 근육의 실질적인 부하를 밝혀주는 것은 아니기 때문입니다.

**평가** 절대 규칙: 3,000m 이상 달린 사람은 매우 뛰어난 조건을 갖추고 있는 것입니다. 40세 남성은 평균 약 2,000m를 주파하며 프랑스 외인부대 지원자들에 대한 기준은 2,800m에 이릅니다. 세계 기록은 4,753m입니다. 자세한 정보는 다음 페이지를 참고하세요.

**알아두면 좋습니다**

경험이 부족한 지구력 운동선수들은 쿠퍼 테스트에서 어려움을 겪는 경우가 많습니다. 이 테스트는 무산소성 역치AT; Anaerobic Threshold에서, 즉 지나치게 무리하지 않으면서 최대한 강요할 수 있는 범위 내에서 달리도록 하는 것이 핵심입니다. 그런데 우리는 이 AT를 미리 감지하지 못하며, 이것을 넘어서야 비로소 이 사실을 알아차리게 됩니다. 이 AT는 젖산 테스트나 기록 테스트 정도로서만 신뢰성이 있습니다.

400m 트랙에서 12분간 뛰면서 당신의 기록을
아래 표의 내용과 비교해보세요.

| ♂ 나이 | 20~29세 | 30~39세 | 40~49세 | 50세 이상 |
|---|---|---|---|---|
| **매우 좋음** | 2,800m 초과 | 2,700m 초과 | 2,500m 초과 | 2,400m 초과 |
| **좋음** | 2,401~2,800m | 2,301~2,700m | 2,101~2,500m | 2,001~2,400m |
| **평균** | 2,201~2,400m | 1,901~2,300m | 1,701~2,100m | 1,601~2,000m |
| **나쁨** | 1,600~2,200m | 1,500~1,900m | 1,400~1,700m | 1,300~1,600m |
| **매우 나쁨** | 1,600m 미만 | 1,500m 미만 | 1,400m 미만 | 1,300m 미만 |

| ♀ 나이 | 20~29세 | 30~39세 | 40~49세 | 50세 이상 |
| --- | --- | --- | --- | --- |
| **매우 좋음** | 2,700m 초과 | 2,500m 초과 | 2,300m 초과 | 2,200m 초과 |
| **좋음** | 2,201~2,700m | 2,001~2,500m | 1,901~2,300m | 1,701~2,200m |
| **평균** | 1,801~2,200m | 1,701~2,000m | 1,501~1,900m | 1,401~1,700m |
| **나쁨** | 1,500~1,800m | 1,400~1,700m | 1,200~1,500m | 1,100m~1,400m |
| **매우 나쁨** | 1,500m 미만 | 1,400m 미만 | 1,200m 미만 | 1,100m 미만 |

N° 황새 테스트 18

# 나의 균형 감각은 얼마나 좋은가?

주제 스위스의 운동학자 토마스 비스 박사Dr. Thomas Wyss는 연구를 통해 우리의 조정 능력과 부상 위험 사이에 상관관계가 있다는 것을 입증해냈습니다.
달리 말해, 자신의 균형 감각을 훈련하지 않는 사람은 두 배나 더 높은 부상 위험에 노출돼 있다는 것입니다.

TEST 황새 테스트(한 발 서기)는 우리가 한 발로 서서 얼마나 오래 균형을 유지할 수 있는지를 측정합니다. 식은 죽 먹기처럼 들리나요? 그렇다면 한번 시험해보세요.
먼저, 신발과 양말을 모두 벗습니다. 편평한 곳에 서서 양손을 엉덩이에 대고 받쳐주세요. 오른발을 꺾어 올려서 왼쪽 무릎의 안쪽에 닿은 상태로 유지합니다(뒤 페이지 그림 참조). 이제 왼쪽 발의 뒤꿈치를 들어 발바닥 앞쪽만 바닥에 닿게 해주세요(발끝으로 서기). 이 자세가 됐으면, 이제부터 시간을 측정하기 시작합니다.
당신은 이 자세를 얼마나 오래 유지할 수 있나요? 발끝으로 깡충깡충 뛰기 시작하거나, 손이 엉덩이에서 떨어지거나 아니면 오른발이 무릎에서 떨어지면 시간 재기를 멈춥니다.
이제 방향을 바꿔, 오른발로 서서 똑같은 과정을 반복합니다. 그런 다음 두 시간을 모두 더합니다.

**평가** 당신의 수치를 뒤에 나와 있는 표의 수치와 비교해보세요. 대다수 운동이 그렇듯, 이것 역시 규칙적으로 연습하면 결과가 좋아집니다. 이런 연습을 이미 하고 있는데 더욱 효과를 보고 싶다면, 황새 자세에서 두 눈을 감고 고개를 천천히 뒤로 넘겨보세요.

**알아두면 좋습니다**

한 발 서기 상태에서 당신 앞쪽 약 2m 지점의 바닥을 응시하면 자세가 잘 고정됩니다.

| | ♂ | ♀ |
|---|---|---|
| 매우 좋음 | 50초 초과 | 30초 초과 |
| 좋음 | 41~50초 | 26~30초 |
| 썩 나쁘지 않음 | 31~40초 | 16~25초 |
| 썩 좋지 않음 | 20~30초 | 10~15초 |
| 나쁨 | 20초 미만 | 10초 미만 |

제시된 수치는 참고 기준에 불과합니다. 표준 수치는 참고 문헌에 나와 있습니다.

No | 자 테스트 | 19

# 나는 얼마나 민첩한가?

주제 반응시간이란 사건과 그에 대한 우리의 반응 사이의 시간 간격을 뜻합니다. 한 가지 유명한 예를 들어보겠습니다. 당신은 지금 자동차 안에 앉아 있습니다. 그런데 앞차가 브레이크를 밟는 것이 보입니다. 그래서 당신도 브레이크를 밟습니다. 앞차를 보고 당신이 브레이크를 밟기까지의 시간이 바로 반응시간입니다. 자동차는 반응시간이 0.2~0.3초면 빠르다고 하는데, 약을 복용했거나 술을 마신 경우 아니면 피곤한 경우, 혹은 흥분했거나 스트레스를 받고 있는 경우에 반응시간은 늦어집니다.

TEST 의자에 앉아서 아래팔을 테이블 모서리에 얹으세요. 이때 손은 테이블 밖으로 튀어나오도록 합니다. 다른 한 사람은 30cm짜리 자를 당신의 엄지와 집게손가락 사이에 들고 있습니다(자의 0 눈금이 엄지의 위쪽 끝부분에 오도록 하며, 손가락이 자에 닿지 않도록 유의).

이제 테스트하는 사람이 아무런 사전 경고 없이 자를 떨어뜨립니다. 당신은 가능한 한 재빨리 엄지와 집게손가락으로 자를 붙잡고 엄지 위쪽의 눈금을 읽으세요. 이 테스트를 5회 반복해 평균을 계산하세요. 이 테스트는 자극이 눈에서 뇌를 거쳐 손까지 얼마나 빨리 전달되는지를 측정하는 것입니다.

**평가** 당신의 결과를 뒤의 표에서 확인해보세요. 반응시간이 0.1초(=5cm) 미만이면 예견한 것이라고 간주해(즉, 테스트하는 사람이 자를 떨어뜨리기 이전에 당신이 먼저 반응한 것입니다.) 부정 출발로 평가합니다.

**알아두면 좋습니다**

우사인 볼트가 2009년 8월 16일 100m 세계기록을 세우던 당시 그의 반응시간은 0.146초였습니다. 자 테스트에서 이는 10.5cm를 뜻합니다. www.humanbenchmark.com에서 당신의 손가락 클릭 반응시간을 온라인으로 측정해보세요.

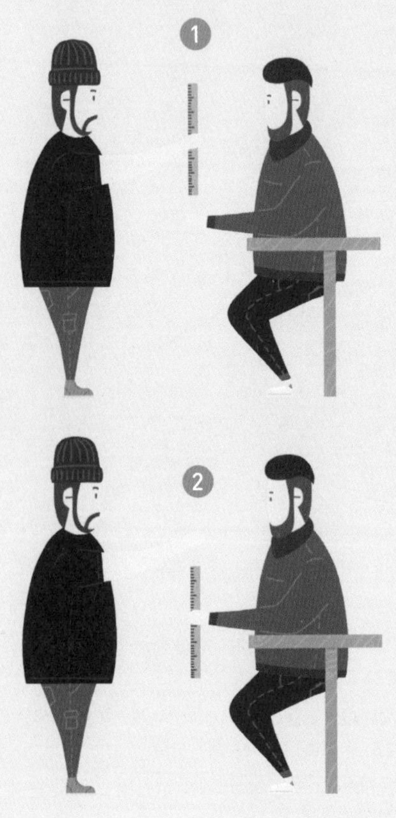
1
2

| 매우 빠름 | 5~8㎝ |
|---|---|
| 빠름 | 9~15㎝ |
| 썩 나쁘지 않음 | 16~21㎝ |
| 썩 좋지 않음 | 22~28㎝ |
| 느림 | 28㎝ 초과 |

이 수치들은 참고 기준으로, 표준 기준이 아닙니다.

№ | 유연성 테스트 | 20

# 나의 유연성은 어느 정도인가?

주제 지구력과 근력, 민첩성, 평형성 이외에 유연성은 스포츠 운동학에서 피트니스를 파악하는 다섯 번째 기준입니다. 의자에 앉아서 운동화 끈을 묶어야 하는 상황에 처하게 되면, 왜 이것이 그렇게 중요한지 알 수 있을 겁니다.

TEST 1 앉아서 허리 굽히기Sit and Reach 테스트는 허벅지 근육 뒤쪽과 허리 근육 아래쪽의 유연성을 측정하는 것입니다. 이 근육들의 유연성을 토대로, 요통의 위험에 노출될 가능성이 얼마나 높은지를 파악할 수 있습니다. 먼저 몸을 풀어줍니다. 신발을 벗고 벽과 가까운 곳의 바닥에 앉으세요. 두 다리를 쭉 뻗어서 발바닥 전체가 벽에 닿게 합니다. 이제 양손이 벽에 닿게 해보세요. 이때 두 다리는 계속 뻗어야 합니다. 손을 최대한 앞으로 뻗은 후 그 자세를 2초간 유지합니다.

이 동작을 3회 반복하세요. 가장 좋은 점수를 이용해 평가해보세요.

TEST 2 등 뒤로 손잡기Back Stretch 테스트를 할 때에는 어깨와 목 부위를 반드시 먼저 풀어야 합니다. 그런 다음 오른팔을 목 뒤로 가져가 손바닥이 양 견갑골 사이에 위치하도록 합니다. 왼손은 손바닥이 바깥쪽을 보게 한 상태에서 아래에서부터 위로 끌어올리며 등의 가운데에 놓습니다. 이제 두 손의 손가락 끝이 서로 닿도록 해보세요. 손이 완전히 닿지 않을 경우에는, 다른 사람에게 두 손가락 사이의 간격을 재달라고 부탁하세요. 두 번 시도해서 더 좋은 것으로 평가합니다. 그런 다음 다시 반대쪽도 똑같은 방법으로 측정해보세요.

**알아두면 좋습니다**

앉아서 허리 굽히기 테스트를 할 때에 팔을 앞으로 뻗으려고 하지 마세요. 허리 아래쪽을 똑바로 펴준 후에 몸을 앞으로 접으려고 해보세요. '곧게 세우려고' 해야지, '멀리' 나가려고 해서는 안 됩니다.

## 앉아서 허리 굽히기 테스트

| 유연성 | 도달거리 |
|---|---|
| **매우 좋음** | 손바닥 전체가 벽에 닿습니다. |
| **좋음** | 손가락 마디가 벽에 닿습니다. |
| **썩 나쁘지 않음** | 손가락 끝이 벽에 닿습니다. |
| **썩 좋지 않음** | 벽에 아슬아슬하게 닿지 않습니다. |
| **나쁨** | 손이 정강이뼈 위에까지만 닿습니다. |

## 등 뒤로 손잡기 테스트

| 유연성 | 도달거리 |
|---|---|
| **매우 좋음** | 양손의 손가락이 서로 겹칩니다. |
| **좋음** | 손가락 끝이 서로 닿습니다. |
| **썩 나쁘지 않음** | 양손 손가락 끝 사이의 간격이 5㎝ 미만입니다. |
| **썩 좋지 않음** | 양손 손가락 끝 사이의 간격이 5~15㎝입니다. |
| **나쁨** | 양손 손가락 끝 사이의 간격이 15㎝를 초과합니다. |

제시된 수치는 참고 기준에 불과합니다. 표준 수치는 참고 문헌을 참조하세요.

N° | 얼음물 테스트 | 21

# 나는 통증에 얼마나 예민한가?

주제

역사적으로 통증에는 다음과 같은 세 가지 의미가 있습니다.

1. 신의 형벌로서의 통증

초창기 하이컬처High Culture에서는 통증에 대한 모든 경험이 악마의 행위로 간주됐습니다. 17세기까지 신학적인 의미에서 통증은 원죄의 결과이자 십자가에 매달린 예수의 고통을 함께 나눠 갖는 것으로 해석됐습니다.

2. 약점의 표현으로서의 통증

통증을 견디지 못하는 사람은 무리의 일원도 되지 못합니다. 통증에 대한 이런 이해는 원주민들의 입회 의식으로 잘 알려져 있습니다. 예를 들어 브라질 사테레 마우에Sateré-Mawé 부족의 남자들은 성인식을 치를 때 독성이 높은 거대한 개미들이 잔뜩 들어 있는 나뭇잎 장갑 속에 두 손을 넣고서 몇 분간 참아야 합니다. 소리를 질러서도 안 됩니다.

3. 신체의 경보로서의 통증

이런 설명은 기원전 700년 호메로스Homeros의 『일리아스Illias』에서 처음으로 등장합니다. 여기에는 통증이 '건강에 대한 경비견'이라고 서술돼 있는데, 이것이 바로 오늘날까지도 받아들여지는 개념입니다.

TEST 통증은 현재까지도 측정이 불가능합니다. 그래서 의학자들은 환자들의 설명을 신뢰할 수밖에 없습니다. 그러나 통증 역치와 통증 내성은 측정할 수 있습니다. 그중 유명한 방법 하나가 바로 얼음물 테스트입니다. 손을 얼음물에 담그고 두 가지 시간을 측정하는 것인데, 먼저 손을 담근 시점부터 우리가 고통을 인지하는 순간까지의 시간을 잽니다. 이것을 우리는 통증 역치pain threshold라고 합니다. 그리고 이 시점부터 우리가 '이제 더 이상 못 견디겠다.'라고 느껴 손을 빼는 순간까지의 시간은 통증 내성pain tolerance이라고 합니다.

알 아 두 면 좋 습 니 다

통증 내성은 조작될 수 있습니다. 얼음물 실험을 주관하는 사람이 매력적일 경우, 우리는 얼음통 속에 손을 더 오래 담그고 버틸 수가 있습니다. 또한 큰 소리로 욕을 하거나 미친 듯이 웃으면서 버틸 때 또는 정기적으로 훈련을 받아도 통증 내성이 높아집니다.

## 당신은 얼마나 오래 견딜 수 있습니까?

통에 얼음 조각을 채워 넣으세요. 그런 다음 차가운 물을 부어줍니다.
5분간 기다리세요. 이제 손을 그 안에 넣고 견디세요.

⚠ 얼음물에 손을 넣고 2분 이상 있어서는 안 됩니다!

40초 미만 = 매우 예민하다

40~60초 = 지극히 평균적이다

60초 이상 = 매우 둔감하다

N° 시력 테스트 22

# 나에게는 안경이 필요한가?

주제 돋보기, 이른바 메니스커스 렌즈meniscus lens에 대한 최초의 언급은 고대 이집트에서 유래하며 최초의 안경은 13세기 말 이탈리아 베네치아에서 개발됐습니다.

그런데 1862년이 돼서야 비로소 네덜란드 위트레흐트의 한 안과 조수가 다음 질문에 대한 대답을 했습니다. 과연 우리는 언제부터 안경이 필요할까요?

TEST 헤르만 스넬런Hermann Snellen은 알파벳을 인식하는 것으로 시력을 측정해야 한다는 전제에서 출발했습니다. C와 O를 혹은 E와 F를 구분하지 못하는 그 시점부터 시력이 떨어진 것으로 파악해야 한다는 것입니다. 이 순간을 정확하게 정의하기 위해, 스넬런은 피실험자에게 일정한 거리에서 여러 알파벳 대문자를 읽어볼 것을 부탁했습니다. 그는 이 알파벳에 일반적인 글씨체를 적용하지 않고 시표optotype라고 하는 고유한 폰트를 개발했습니다.

평가 6m 거리에서 8.7mm 크기의 시표를 아무런 문제없이 인식할 수 있다면, 이 사람의 시력은 정상입니다. 이 '20/20 규칙'은 오늘날까지도 정상 시력을 판단하는 기준이 되고 있으며, '스넬런 시력표Snellen Chart'라고 불리는 스넬런의 시력검사표는 표준이 됐습니다. 1868년 그는 알파벳

E의 방향을 피실험자가 인식하도록 하는 '스넬런 텀블링 E'를 개발했는데, 이것의 원리는 스넬런 시력표와 동일하지만 이는 어린이나 문맹자들을 위해 고안된 것이었습니다.
스넬런 시력표는 지금도 미국에서 가장 많이 판매되고 있는 실내용 포스터입니다.

알아두면 좋습니다

∷**다음 네 문장의 공통점은 무엇일까요?**

1) TV를 너무 가까이에서 보면 눈이 나빠진다.
2) 침대 머리맡에 불을 켜놓고 누워서 책을 읽으면 눈이 나빠진다.
3) 당근을 먹으면 어두운 곳에서도 잘 보인다.
4) 안경을 쓴 사람은 조종사가 될 수 없다.

정답: 모두 틀린 이야기이다.

환한 곳에서 테이블 위에 책을 놓고
오른쪽에 있는 시력표를 세워놓으세요.
그런 다음 정확하게 1.5m 거리(기준: 책에서부터 눈까지)를
띄워놓고 의자에 앉으세요.
이제 한쪽 눈을 감으세요.
어느 줄까지 선명하게 보입니까?
반대쪽 눈도 같은 과정을 반복하세요.

여덟 번째 줄까지 선명하게 보인다면 당신은 최적의 시력을 가지고 있습니다 (시력 = 1.0). 만약 잘못 읽었다면 시야를 밝혀주는 도구를 사용하길 권장합니다.

이것은 권장 사항입니다.
이 테스트는 엄격한 감독하에 실시되는 표준 진단이 아닙니다.

N° | 손 사용 테스트 | 23

# 나는 왼손잡이인가?

주제 9·11 테러 이야기보다 왼손잡이에 대해 떠도는 전설이 더 많습니다. 그 속설들을 간단하게 정리해보면 다음과 같습니다.

1. 왼손잡이는 오른손잡이보다 더 똑똑하다.

틀렸습니다. 평균 IQ(→ IQ 테스트 p. 218) 수준은 동일하지만 그 분포는 다릅니다. 즉 학습에 어려움을 겪는 왼손잡이가 오른손잡이보다 많고, 대신 지능이 뛰어난 사람들도 왼손잡이가 더 많습니다.

2. 왼손잡이는 오른손잡이보다 더 창의적이다.

맞습니다. 왼손잡이는 흔히 예술 직종에서 일을 합니다. 그리고 호흡기 질환에 더 자주 걸리는 경향이 있고 말더듬이도 더 많고 동성애자도 더 많으며, 최고 기량의 운동선수들도 많습니다. 그리고 대학을 졸업한 왼손잡이는 돈도 더 많이 법니다.

3. 왼손잡이와 오른손잡이가 있는 이유가 아직까지 알려지지 않았다.

맞습니다. 유전되는 것으로 추측하고 있지만, 해당 유전자는 아직 발견되지 않았습니다(→ 유전자 테스트 p. 150).

4. 열 명 중 한 명이 왼손잡이다.

틀렸습니다. 설문 조사에서는 응답자의 10~15%가 왼손잡이라고 나오지만, 이에 대한 정확한 조사에서는 대부분 양손잡이로 나오고 있습니다. 많은 사람이 다만 '우선성'을 가지고 있을 뿐, '순수한' 왼손잡이는 없습니다.

TEST 어느 손을 쓰는지 판단하는 방법은 부지기수입니다. 2006년에는 실제로 모든 오른손잡이의 머리 가마는 시계 방향으로 돌아간다는 연구가 나와 우리를 아연실색하게 하기도 했습니다. 아시아에서는 아주 간단한 질문으로 이를 판단합니다. 즉 어느 손으로 젓가락질을 하느냐 하는 것입니다. 반대로 서구에서는 책을 구입하기 전의 무의식적인 행위 하나로 이를 판단하는데, 바로 처음에 책을 어느 손으로 만지느냐 하는 것입니다. 참고로 손에만 왼쪽 우선성, 오른쪽 우선성이 있는 건 아닙니다. 피실험자가 열쇠 구멍으로 들여다보는 것에서 눈의 우선성을 판단할 수 있고 또 전화를 받는 모습에서 귀의 우선성을 어느 정도 판단하기도 합니다.

알아두면 좋습니다

서퍼와 스케이터들은 회전 방향을 알아보는 구피Googy 테스트를 잘 알고 있습니다. 친구에게 당신 뒤쪽에서 다가와 살짝 부딪쳐보라고 부탁해 보세요. 충돌하는 순간에 당신이 앞으로 내딛는 발이 보드에서도 앞쪽에 위치할 것입니다.

당신에게 해당되는 대답에 체크하세요.

| | 언제나 왼손을 사용한다 | 대부분 왼손을 사용한다 | 번갈아서 양손을 사용한다 | 대부분 오른손을 사용한다 | 언제나 오른손을 사용한다 |
|---|---|---|---|---|---|
| 나는 글을 쓸 때 | □ | □ | □ | □ | □ |
| 나는 포크 없이 손에 칼을 쥘 때 | □ | □ | □ | □ | □ |
| 나는 양치질을 할 때 | □ | □ | □ | □ | □ |
| 나는 숟가락을 쥘 때 | □ | □ | □ | □ | □ |
| 나는 성냥에 불을 붙일 때 | □ | □ | □ | □ | □ |
| 나는 컴퓨터 마우스를 움직일 때 | □ | □ | □ | □ | □ |
| 섹션별 점수 | ×(−50) | ×(−25) | ×0 | ×25 | ×50 |
| | □ | □ | □ | □ | □ |

섹션별로 체크한 항목의 개수를 더하세요. 그 개수에 해당 섹션의 점수를 곱하세요(예: '언제나 왼손을 사용한다' 섹션에서 체크한 항목이 3개라면, 3× −50 = −150점). 그런 다음 모든 섹션의 점수를 더한 후에 3으로 나누세요. 편측성 몫은 −100에서 +100 사이로 나올 것입니다.

**−100: 온전히 왼손잡이 | −50: 1차적으로 왼손잡이 | 0: 온전히 양손잡이**
**+50: 1차적으로 오른손잡이 | +100: 온전히 오른손잡이**

상기 자료는 Edinburgh Handedness Inventory(Revised)에서 간추린 것으로, 표준화된 것은 아닙니다.

No. 편측성 테스트 24

# 나는 어느 쪽 뇌로 생각하는가?

주제 우리의 뇌는 두 개의 반구hemisphere로 이루어져 있는데, 이 반구들이 교차하면서 우리의 신체를 제어합니다. 두 반구 사이의 업무 분할을 가리켜 편측화라고 합니다.

두 반구가 상이한 과제를 수행한다는 것을 뒷받침하는 자료는 이미 많이 제시돼 있습니다. 그렇다고 해서 우리의 뇌가 '이론과 실제', '남성과 여성', '음과 양'처럼 이분법적으로 '분석적'인 좌반구와 '창의적'인 우반구로 이루어져 있다는 것은 아닙니다.

TEST 인터넷에서 우리에게 보여주는 것들과는 달리, 좌반구가 지배적인지 아니면 우반구가 지배적인지를 확실하게 단정해주는 테스트는 유감스럽게도 존재하지 않습니다. 다만, 뇌의 부분 기능들을 분류해주는 테스트가 많을 뿐입니다. 이런 테스트 중의 일부가 뒤에 나와 있습니다.

평가 우반구는 '전체 상Big Picture'을 담당합니다. 즉 문맥을 파악하고 행간의 뜻을 읽어내고 신체의 언어를 파악하며, 카테고리뿐 아니라 개체까지도 인식합니다. 이에 비해 좌반구는 세부적인 것에 초점을 맞추는 편입니다. 그래서 일을 명료하게 만들고 기계적인 도구들과 우리가 이미 알고 있는 단어들을 이용합니다.

뇌 학자인 이언 맥길크리스트Iain McGilchrist는 우리가 좌반구 위주의 세상을 만들었다고 주장합니다. 그래서 그는 이 세상이 기술적이고 관료적이고 가상적이고 통제적이고 논리적이라고 말합니다. 물론 이런 좌·우 분할은 우리가 생각하는 것처럼 그렇게 명확하게 구분할 수 있는 것이 아니며 서로 교류하면서 상호 보완적인 기능을 수행합니다. 두 반구는 우리에게 서로 다른 두 개의 세상을 보여주고 우리는 그것을 다시 하나로 조합해냅니다.

**알아두면 좋습니다**

"나는 무릎으로 생각하는 것을 가장 좋아한다." — 요제프 보이스

다음 질문에 대답하세요.

1. 양손을 깍지 껴보세요. 어느 손의 엄지가 위로 올라옵니까?

A ☐ 오른손 엄지
B ☐ 왼손 엄지

2. 바닥에 일직선을 그은 다음 두 눈을 감고 그 선을 따라 걸어보세요. 다시 눈을 뜨세요. 당신은 선에서 어느 방향으로 치우쳐 걸어나왔나요?

A ☐ 약간 오른쪽
B ☐ 약간 왼쪽

3. 당신의 데스크톱 컴퓨터 속 파일을 잘 살펴보세요. 상태가 어떤 편입니까?

A ☐ 잘 분류돼 있다
B ☐ 엉망이다

4. 이마에 손가락으로 Q 자를 써보세요. 당신은 어떻게 썼나요?

A 당신을 바라보는 사람이 글자를 제대로 읽을 수 있도록

B 당신이 글자를 제대로 읽을 수 있도록

5. 당신 앞에 있는 한 대상을 관찰하세요. 이제 한쪽 눈을 감습니다. 당신은 어느 쪽 눈을 감았습니까?

A 왼쪽 눈

B 오른쪽 눈

A와 B의 개수를 헤아리세요.

A가 더 많으면 좌뇌형이라는 뜻이고 B가 더 많으면 우뇌형이라는 뜻입니다.

N° | 아유르베다 테스트 | 25

# 나의 도샤는 무엇인가?

주제 인류의 가장 오래된 문헌으로 손꼽히는 베다Veda에는 힌두교의 최고 성직자인 브라만의 은밀한 지식이 수록돼 있는데, 그중에서도 특히 장수에 관한 지식, 즉 아유르베다Ayurveda를 주로 다루고 있습니다. 5,000년 된 이 전통 의학은 삶의 물리적, 정신적, 사회적, 영혼적 측면을 총망라하고 있습니다. 그 핵심은 바타Vata, 피타Pitta, 카파Kapha라고 하는 세 기본 원리, 즉 도샤Dosha에 있습니다. 치료 초기에 사용되는 아유르베다 의학의 출발점은 기본 체질에 대한 질문입니다.

TEST 노골적인 설문(→ 뒤 페이지 참조)을 이용한 바타, 피타, 카파에 대한 조사는 서구의 해석에도 상응하는 편입니다. 인도의 이 전통 의학은 복잡한 맥박 진단을 기초로 해 이뤄집니다. 남성은 오른손에서 맥박을 재고 여성은 왼손에서 맥박을 잽니다.

바타: 마치 뱀처럼 맥박이 뜁니다(빠름).
피타: 마치 개구리나 까마귀처럼 맥박이 뜁니다(보통).
카파: 마치 백조처럼 맥박이 뜁니다(느림).

평가 순수하게 한 가지 유형인 사람은 극소수입니다. 대개는 두 가지 측면을 거의 비슷하게 가지고 있습니다.

A – 바타: 이 유형은 활발하고 민첩하고 명랑하고 인기가 많습니다. 동시에 산만하고 비약적이고 싫증을 금방 느낍니다. 잠을 잘 못자고 호흡기 질환이나 관절 질환에 잘 걸리는 편입니다. 보통 날씬하고 체격이 왜소합니다.

B – 피타: 이 유형은 식욕이 왕성하고 날카로운 지성의 소유자이면서 지나치게 비판적으로 생각하는 경향이 있습니다. 열광적이고 열정적입니다. 또 신경성 위장 장애에 잘 걸리는 편입니다.

C – 카파: 이 유형은 균형 잡혀 있고 긴장이 이완돼 있습니다. 이들의 느린 이해 능력은 훌륭한 장기 기억력과 대조를 이룹니다. 체격이 큰 편이고 머리숱이 많습니다. 잠을 잘 잡니다. 또 체중 문제를 겪는 경우가 많습니다.

알아두면 좋습니다

당신의 기본적인 몸 상태를 바꿀 수는 없습니다. 다만, 영양 섭취와 명상 그리고 올바른 생활 습관을 통해 당신의 도샤에 균형을 맞춰주는 것을 목표로 삼아야 합니다.

당신에게 해당되는 대답에 체크하세요.

체격

A ☐ 귀엽고 왜소하고 스트레스를 잘 받는다.

B ☐ 보통이고 근육질인 편이다.

C ☐ 육중하고 과체중의 경향이 있다.

식욕

A ☐ 변덕스럽고 먹는 것을 잘 잊어버리고 편식을 한다.

B ☐ 언제나 모두 먹을 수 있다.

C ☐ 늘 고른 편이고 때를 거르거나 단식도 잘 할 수 있다.

땀

A ☐ 거의 흘리지 않고 냄새도 거의 없다.

B ☐ 많이 흘리고 가끔 냄새도 심하게 난다.

C ☐ 보통으로 흘리고 땀이 시원한 편이며, 가끔 달콤한 냄새가 난다(역겹지도 않다).

성욕

A ☐ 비약적이고 욕구는 강하지만 정력은 부족하며, 실패한다.

B ☐ 성욕은 보통이고 열정적이며, 상대를 압도하는 편이다.

C ☐ 성욕은 적지만 늘 고른 욕구를 가지고 있으며, 관계 시에 상대에게 나를 맞춘다.

신앙/신념

A 비약적이고 변하기 쉽고 즉흥적이다.

B 일정하고 적극적이고 광신도들도 받아들일 수 있다.

C 확고하고 기본 가치를 늘 지니고 있고 인생의 흐름을 신뢰한다.

정신

A 적극적이고 호기심이 많고 빠르고 적응력이 있고 우유부단하다.

B 지적이고 비판적이고 분석적이고 결정하는 것을 좋아하고 실천력이 강하다.

C 차분하고 신중하고 천천히 결정하고 일단 결정한 것은 지킨다.

수면

A 얕게 자고 자주 깨고 아침에 일찍 일어날 수 있고 불면증의 경향이 있다.

B 적당히 깊게 자고 다시 잠드는 속도가 빠르고 주로 한밤중에 깨는 편이다.

C 깊게 자고 오래 자고 아침에 기분이 언짢은 편이다.

---

어떤 답이 가장 많습니까?

A = 바타, B = 피타, C = 카파

N° | 거울 테스트 | 26

# 나는 사람인가?

주제 내가 동물과 다른 점은 무엇일까? 이 질문은 잘 차려진 만찬 테이블에서 신학자들과 생물학자 그리고 철학자들의 조심스러운 태도를 사라지게 할 수 있는 그런 질문 중 하나입니다.

TEST 고등 생명체와 하등 생명체를 구분하는 최고의 방법 중 하나는 바로 거울 테스트입니다. 거울 속에서 자신의 모습을 인지하는 존재는 한 차원 높은 단계를 인식하고 있는 것입니다. 이 명제는 지난 1970년대에 심리학자들이 '루주 테스트Rouge Test'를 창안해내면서 유래했습니다.

먼저 어린아이의 이마나 동물의 가죽에 붉은 얼룩을 그린 다음, 실험 대상들에게 거울을 보게 합니다. 거울 속의 형체가 자기 자신임을 깨닫는 대상만 그 얼룩을 지우게 됩니다. 고양이와 개는 이 테스트를 통과하지 못했습니다. 반대로 침팬지와 코끼리, 돌고래는 합격했습니다. 포유동물이 아니면서 자기 자신을 인식한 유일한 동물은 일부 까마귀 종류와 까치뿐이었습니다.

평가 6~12개월: 호기심

아기들은 거울 속의 '다른 아기'와 접촉하려고 거울로 기어갑니다.

13~24개월: 반감

이 연령대의 아기들은 아주 조심스럽게 반응하고 기껏해야 수줍어하면서

웃거나 아니면 거울 뒤의 상대방을 바라봅니다. 많은 심리학자가 이것을 최초의 자의식으로 보고 있습니다. 이제 아기가 다른 사람들과 자신을 구분한다는 것입니다.

20~24개월 이후: 나!

늦어도 만 두 살부터는 인간이라면 누구나 이 테스트를 통과해 거울 속에서 자기 자신의 모습을 인지하게 됩니다.

알아두면 좋습니다

아이가 처음으로 이 거울 테스트를 통과하는 나이는 아이의 지능과 아무런 상관이 없습니다. 프랑스의 정신분석학자 자크 라캉Jacques Lacan은 어린이가 내적 세계와 주변 환경을 서로 구분하는 것을 배우는 변증법적 과정으로서의 '거울 단계' 이론을 설명하면서, 이런 과정을 일종의 나르시시즘의 기원으로 보고 있습니다. 즉 어린이는 최초의 나르시스적인 자기기만인 "나는 다른 사람이다."라는 것을 배우는 것입니다(→ 나르시시즘 테스트 p. 48).

N° | 시계 테스트 | 27

# 나의 부모님은 치매인가?

주제 대부분의 것들은 나이가 들면서 더 나아집니다. 어휘력은 확대되고 감정은 성장하며, 성욕에 대한 만족은 증가하고 스트레스는 점점 줄어듭니다. 반대로 두뇌 활동 등은 점점 나빠집니다. 20대 후반에 이미 전전두피질prefrontal cortex, 간단히 말해서 우리의 이성은 줄어들기 시작합니다. 이렇게 되는 생명체로는 인간이 유일합니다. 그리고 인간은 치매에 걸리는 유일한 생명체이기도 합니다. 이것이 우리를 두렵게 만듭니다. 2011년의 한 연구에 따르면 우리는 죽음보다도 기억 상실을 더 두려워하고 있는 것으로 드러났습니다.

그러나 치매를 치유할 수 있는 약은 존재하지 않아도 이 질병의 진행 속도를 늦추는 약은 있습니다. 그렇기 때문에 조기 진단이 그만큼 중요합니다.

TEST 시계 테스트는 치매 초기 증상이 있는지 여부를 미리 알아볼 수 있는 간단하고도 빠른 검사법입니다. 그리고 치매의 경과를 확인하기 위해 이 방법을 사용하는 의사들까지 있습니다. 구체적으로 이 테스트는 두 가지 능력을 측정합니다. 바로 문제 해결 능력 그리고 추상적인 표시를 인식해 이를 재구성하는 능력을 뜻하는 시공간 구성 능력visuoconstruction ability입니다. 시계 테스트는 초기 치매 증상을 확인하기 위해 가끔 다른 스크리닝 검사로 대체되기도 합니다. 예를 들어 '간이 정신 상태 평가Mini-Mental State Examination'에서는 다음과 같은 일련의 질문들을 던집니다. "우리는 지금 몇 층에 있습니까? 오늘은 무슨 요일입니까? 다음 세 단어를 순서대로 말해보세요. 볼펜, 사과, 문. 100에서 7을 빼면 얼마입니까? 거기에서 다시 7을 빼면요? 또다시 7을 빼면……? 조금 전에 제게 말씀하신 세 단어가 뭐였습니까?"

알아두면 좋습니다

∷치매의 장점 세 가지는 무엇일까요?

1) 부활절에 달걀을 직접 숨길 수 있다. 2) 매일 새로운 사람들을 알게 된다. 3) 부활절에 달걀을 직접 숨길 수 있다.

피실험자에게 원이 그려져 있는 종이 한 장을 주고
다음과 같이 부탁하세요.

**"원 안에 모든 숫자가 다 들어 있는 시계를 그린 다음,
11시 10분을 그려 넣으세요."**

과제가 이행됐습니까?

예 = 치매 질환이 아닙니다.
부분적으로 이행됐다 = 추가 검사가 필요합니다.
아니오 = 추가 검사가 필요합니다.

결과에 대한 평가는 권장 사항일 뿐입니다.
이 테스트는 감독하에 실시되는 진단이 아닙니다.

N° 유전자 테스트 28

# DNA가 나에 대해 말해주는 것은?

주제

원칙적으로 우리의 모든 유전 정보, 즉 게놈genom은 해독 가능하고 읽을 수 있습니다. 염기쌍은 염기쌍으로, 유전자는 유전자로, 염색체는 염색체로 읽히는 것입니다. 그러나 읽을 수 있다는 것이 꼭 이해가 된다는 뜻은 아닙니다. 그리고 이해된다는 것이 언제나 바람직한 것도 아닙니다.

TEST

테스트를 위해 데이터를 수집하는 것은 모든 방법에서 거의 동일하게 실시하는 일입니다. 타액 샘플이나 모발 채취, 피실험자의 유전 정보도 모두 이런 데이터에 속합니다. 실험실에서는 피실험자의 유전자가 출현할 때까지 샘플을 계속해서 처리합니다. 이때 무엇보다 흥미로운 것은 바로 단일염기다형성SNP; Single Nucleotide Polymorphism, 즉 사람들마다 상이한 DNA 서열의 위치입니다. 전체 염기쌍 중에서 약 99%는 사람들 모두 동일한 반면, 나머지 약 1%는 3백만 개에 이르는 서로 다른 위치에 있어 사람들마다 차이가 있을 수 있습니다. 바로 이것이 우리를 유전적으로 하나의 특별한 개체가 되도록 만들어주는 것입니다.

평가

이 SNP 가운데 중요한 것들을 분석하면 개개인에게 닿을 수 있습니다. 현재는 주로 비교 업무에서 응용되고 있는데, 이로써 피실험자가 아이의 친부인지(아이의 유전 정보를 피실험자의 그것과 비교), 아니면 어떤 사건의 범인인지(범행 현장에 남아 있는 DNA 흔적과 비교) 여부를 입증해낼 수 있습니다. 의학계에서는 유전자 테스트가 특히 두 가지 업무에 이용되고 있습니다. 하나는 배아가 유전 질환을 갖고 있는지 여부를 판단하는 '출생 전 진단'이고 다른 하나는 개별 SNP의 결함으로 인해 야기될 수 있는 질병을 뜻하는 이른바 '단성 질환monogenetic disease'의 진단입니다. 이 질환 중에 현재 2,000가지 이상이 알려져 있는데, 이 중 1,000여 개는 유전자 테스트를 통해 이미 입증이 가능합니다. 여기서 치료할 수 있는 것은 하나도 없지만, 생활 방식의 변화를 통해 유전자 결함의 효과를 제한할 수는 있습니다.

한편, 유전자 테스트를 사적으로 이용하는 것에 대해서는 크게 논란이 되고 있습니다. 개인 DNA를 분석해 그 사람이 도대체 어떤 사람인지를 밝혀내려는 것인데, 예전에는 이를 위해 점성술을 만들어냈지만 오늘날엔 유전자 테스트를 사용하고 있습니다.

이런 테스트로 시장을 주도하고 있는 미국의 '23앤드미23andMe'라는 업체가 있습니다. 구글의 파이낸싱으로 앤 워즈츠키Anne Wojcicki가 2006년 설립한 이 신예 바이오테크 업체는 처음부터 민간인의 유전자 테스트를 주요 업종으로 삼았습니다. 처음엔 비용이 1인당 999달러에 달했지만 지금은 99달러이며, 테스트 범위는 처음보다 훨씬 더 커졌습니다. 한 사람의 모든 게놈을 시퀀싱 하는 데엔 2000년대 초만 해도 1억 달러나 들어갔지만, 2000년대 말에는 그 비용이 5만 달러 정도로 대폭 줄었습니다.

**비판** 이런 급속한 비용 인하도 한 문제가 되고 있습니다. 게놈의 해독으로 예기치 않았던 결과가 초래될 수 있기 때문입니다.

시료로 제출한 타액에서 나온 결과가 만약 유방암이나 치매 질환에 걸릴 가능성이 높음을 시사한다면 당신은 어떻겠습니까? 아무런 준비도 되지 않은 상황에서 그로 인해 이제 남은 인생이 송두리째 뒤집혀버릴 수도 있습니다.

23앤드미도 이런 결과에 대한 책임을 져야 했습니다. 2013년 말부터 유전자로 알아낼 수 있는 질병에 대한 모든 진단이 23앤드미에서는 금지된 것입니다. 그래서 이제 이 업체는 과거에 대한 것들만 파악할 수 있게 됐습니다. 즉 피검사자가 얼마나 많은 유전자가 칭기즈칸과 동일한지, 그 사람의 조상이 이 지구 상의 어느 구석에서 왔는지 그리고 DNA 중 몇 %가 인류의 요람인 아프리카로부터 온 것인지 등만 진단할 수 있게 된 것입니다. 물론 이런 테스트에 특화된 SNP 소프트웨어의 분석을 통해 나온 데이터들은 예전처럼 계속해서 고객들이 넘겨받을 수 있습니다.

유전자 테스트의 가능성은 무한합니다. 건강보험사들이 조만간 유전자 테스트를 기본으로 해 고객들을 선별한다거나 아니면 우리가 결혼하기 전에 일단 상대방의 유전 정보를 살펴보게 되는 일도 불가능한 이야기는 아닙니다. 우리는 이제 그 출발선에 섰습니다.

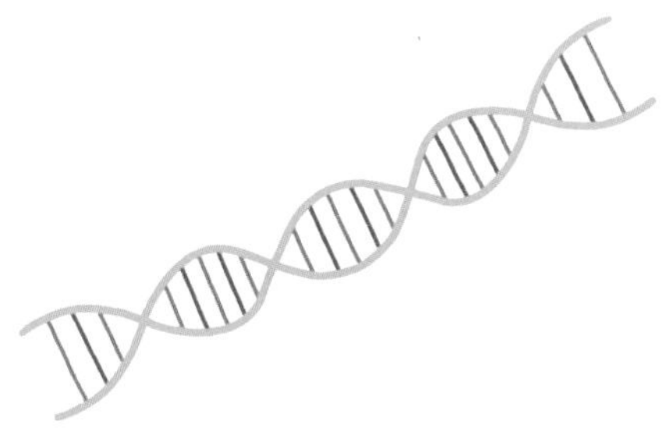

알아두면 좋습니다

:: **당신은 혀를 말 수 있나요?**

그렇다면 당신의 아버지나 어머니도 반드시 혀를 말 수 있을 것입니다.
☞ 틀렸습니다! 보통 이렇게 생각하고 있지만, 혀를 마는 능력은 유전되는 것이 아닙니다. 이런 방법을 이용해 간단히 친부를 확인할 수 있다는 것은 아무런 근거 없는 이야기라는 사실이 이미 1940년대에 확인됐습니다. 혀를 말지 못하는 사람에게서도 혀를 말 줄 아는 아이가 태어날 수 있습니다.

# T E S T

스킬
&
커리어

BOOK

N° | 극대화 테스트 | 29

# 나는 어떻게 결정하는가?

주제 1990년대에 사회학자 피터 그로스Peter Gross는 다중선택사회라는 개념을 소개했습니다. 그의 명제에 따르면, 우리는 선택 가능성이 너무 많은 나머지 이를 부담으로 느낀다는 것입니다. 그러나 모두가 이런 중압감에 시달리는 것은 아닙니다. 학계에서는 결정자의 유형을 두 가지로 구분하고 있습니다. 바로 '극대화자Maximizer'와 '만족자Satisficer'입니다. 극대화자는 '이것이 최선인가?'라고 묻는 반면, 만족자는 '이것이 옳은가?'라고 묻습니다. 극대화자는 늘 가장 까다로운 기준을 적용합니다. 극대화자는 완벽주의자로서, 최고의 결정을 내리기 위해 막대한 비용을 투자합니다. 그와 동시에 그는 자기회의감으로 괴로워합니다. 그는 결정을 내리고 그러면서도 늘 그의 결정은 또 다른 무언가를 찾고 있습니다. 그는 사랑에 빠져 있으면서도 파트너십을 믿지 않습니다.

이에 비해 만족자는 좀 더 여유가 있습니다. 그렇다고 중도 모색하는 것은 아닙니다. 만족자 역시 높은 기대치를 갖고 있습니다. 그러나 그는 최적의 결과를 위해 노력하지 않습니다. 다만 자신의 기준을 충족하고자 할 뿐입니다. 그리고 만족자는 어떤 결정을 내리는 즉시, 그에 대해서 더 이상 의문을 품지 않습니다.

2002년 심리학자 배리 슈워츠Barry Schwartz를 중심으로 한 연구팀은 허버트 사이먼Herbert Simon이 1956년에 처음으로 관찰한 극대

화 현상을 좀 더 깊이 있게 다뤄, 결정을 내릴 때 최적화 등급을 측정하는 극대화 척도를 개발했습니다. 그 결과를 다른 피실험자들의 만족도와 비교해 보세요.(→ 주관적 행복 척도 p. 260)

**평가** 극대화자가 내리는 결정은 객관적으로 봤을 때 만족자의 결정보다 더 낫지만, 극대화자는 그 결과에 더 많이 불만을 가지고 있습니다. 이건 다음과 같이 생각하면 될 것 같습니다. 일반적으로 완벽한 결정을 내리기 위해 비용을 더 많이 들일수록 그에 대한 기대감도 높아지게 돼 있습니다. 그리고 그 기대감이 높아질수록 그것을 충족하기는 더 힘들어집니다. 그래서 불만이 증가하게 되는 것입니다.

**알아두면 좋습니다**

식당의 메뉴판을 볼 때 마음에 드는 메뉴가 눈에 띄면 바로 그것을 주문하세요. 메뉴판을 더 보지 마세요. 그러면 당신이 뭔가 놓쳤다는 느낌은 절대 들지 않을 겁니다.

다음의 설명이 당신과 얼마나 일치합니까?

전혀 맞지 않는다 1—2—3—4—5—6—7 완전히 일치한다

1. 내 일에 얼마나 만족하고 있는지에 상관없이 더 나은 기회를 늘 찾고 있다.
2. 자동차 안에서 라디오를 들을 때 채널을 자주 바꾸는 편이다. 지금 듣는 것이 마음에 들어도 다른 채널에서 더 좋은 것이 나오고 있는지 알아보고 싶다.
3. 친구에게 줄 선물을 고르는 것이 어렵다.
4. 비디오 대여점(혹은 온라인 스트리밍 업체 등)에서 어떤 영화를 볼지 결정하기 어렵다.
5. 두 번째 최선책으로는 절대로 만족하지 못한다.
6. 내가 하는 모든 일에 가장 까다로운 기준을 적용한다.

**점수를 모두 더한 다음 6으로 나누세요.**

당신의 최종 점수 :

간단한 평가: 4 미만 = 당신은 만족자입니다.
4 이상 = 당신은 극대화자입니다.

극대화 척도의 열세 가지 질문에 대한
정상분포 자료는
참고 문헌을 참조하세요.

사용 동의: Barry Schwartz et al.

N° 학습 유형 테스트 30

# 어떻게 할 때 나는 가장 잘 배우는가?

주제 잡담을 시작할 수 있게 해주는 가장 빠른 방법 중 하나는 학창 시절의 실패 경험담을 이야기하는 것입니다. 그냥 가볍게 자신이 취약했던 과목을 언급하면서, 자신이 "수학에서는 꽝이었다."라고 하거나 "프랑스어를 증오했다." 혹은 "어린아이들보다 그림을 더 못 그렸다."라고 말하는 것입니다. 성공이 영혼에 좋은 것이라면 실패는 이야깃거리에 좋습니다. 아마 실제로 당신에게도 재능 없는 과목들이 있었을 것입니다. 하지만 그건 당신이 그 과목에 잘못된 방법으로 접근했기 때문일 가능성이 높습니다. 이제 여기에서 이야기하는 것은 교육자들에 관한 것이 아니라 상이한 학습 유형에 관한 것입니다.

TEST 닐 플레밍Neil Fleming은 1987년 개개인의 학습 선호 유형을 조사하기 위해 VARK® 테스트를 개발했습니다. 이 테스트의 유효성에 대해 계속해서 논란이 있지만, 그래도 아직까지 가장 인기 있는 학습 유형 측정법 중 하나로 손꼽히고 있습니다.

평가 일반적으로 학습 유형은 다음과 같은 네 가지로 구분됩니다.

시각형Visual Style: 이 유형은 관찰을 통해 학습합니다. 당신이 이 유형이라면 아이디어를 시각화하기 위해 다이어그램과 견본을 이용하세요. 키워드를 심벌로 대체하세요. 그리고 형광펜을 사용하세요.

청각형Auditory Style: 이 유형은 듣는 것을 통해 학습합니다. 당신이 이 유형이라면 당신이 반드시 기억해야 하는 주제에 대해 다른 사람들과 토론을 하거나, 그 주제에 대해 간단한 연설문을 준비해 크게 소리 내서 말해보세요.

문해형Reading/writing Style: 이 유형은 글을 통해 학습합니다. 또 글을 쓰면서 생각을 정리합니다. 당신이 이 유형이라면 베껴 쓰면서 당신만의 메모를 많이 만드세요. 중요한 부분들은 따로 정리해서 기록하세요.

운동감각형Kinesthetic Style: 이 유형은 몸으로 직접 해봄으로써 학습합니다. 당신이 이 유형이라면 당신의 구상을 설명하기 위한 실례들을 이용하세요. 사실들을 기억하려 하지 말고 당신의 체험에 의존하세요.

**알아두면 좋습니다**

뭔가를 잃어버리면 우리는 그것을 가장 마지막에 사용했던 때가 언제인지를 생각해봅니다. 이렇게 상관관계에 의존하는 기억을 학습에 이용할 수도 있습니다. 아이오와대학교의 연구에 따르면 대학생들은 자신이 배웠던 장소와 동일한 곳에서 시험을 치를 때 성적이 더 좋은 것으로 나타났습니다.

당신의 행동 방식과 가장 일치하는 것을 고르세요.
☞ 복수 선택도 가능합니다.

1. 지금 식당에서 메뉴판을 받았습니다. 당신은 어떻게 결정합니까?

R ☐ 메뉴 설명을 토대로 메뉴를 고른다.
K ☐ 그곳에서 먹어봤던 것을 주문한다.
V ☐ 옆 테이블에 있는 사람들이 주문한 것을 본다.
A ☐ 종업원이나 당신과 함께 온 사람에게 결정하는 것을 도와달라고 부탁한다.

2. 당신은 다음 중 어떤 선생님을 선호합니까?

R ☐ 유인물 또는 원고를 사용하는 사람
K ☐ 도해, 그래픽, 동영상을 사용하는 사람
V ☐ 현장 답사나 실습을 기획하는 사람
A ☐ 토론의 장을 마련하고 연사를 초빙하는 사람

3. 새 디지털 카메라를 사려고 합니다. 가격 이외에 어떤 것이 당신의 결정에 가장 큰 영향을 줍니까?

R ☐ 설명서나 인터넷에서 확인한 카메라의 정보
K ☐ 카메라의 특징에 관한 전문가의 설명
V ☐ 카메라 디자인이 마음에 드는지 여부
A ☐ 직접적인 카메라 테스트

**어떤 알파벳에 체크하셨습니까?**

V = 시각형  A = 청각형  R = 문해형  K = 운동감각형

위 테스트는 일부를 발췌한 것으로
전체 설문지는 www.vark-learn.com에서 확인하세요.

N° | 주의력 테스트 | 31

# 나는 잘 집중하는가?

주제 집중력이란 속도와 정확도의 관계를 의미합니다. 이때 핵심은 빠르면서도 엉성하지 않아야 한다는 것입니다. 세부 사항을 놓치지 않으면서 일을 올바로 처리해내는 것이 중요합니다.

TEST 이와 관련해 다양한 표준검사들이 존재합니다. 프랑크푸르트 주의력 일람표FAIR; Frankfurter Aufmerksamkeits-Inventar, 디트리히 아벨스Dietrich Abels의 집중력 경과 테스트KVT; Konzentrations-Verlaufs-Test, 집중력 평가 테스트TPK; Testreihe zur Prüfung der Konzentrationsfähigkeit 외에 이런 검사의 고전이라 할 수 있는 d2 테스트도 있습니다. 이 테스트에서 제시하는 과제가 별것 아닌 것처럼 보이지만, 그 결과는 놀라울 정도로 신뢰성이 높습니다. 이 테스트 결과와 실제 집중력 사이의 상관관계가 매우 높다는 메타 연구들도 이미 나와 있습니다. 우리가 여기에서 제시하는 테스트는 이 d2 연구의 짧은 버전입니다.

뒤 페이지에서 'd2'를 모두 찾아보세요. 즉 선이 두 개가 있는 알파벳 d를 모두 찾으면 되는 겁니다. 우리가 찾아야 하는 d2는 그러니까 다음과 같은 모양을 취하고 있습니다.

ॱॱ d (위 두 줄)   d (아래 두 줄)   d (위 한 줄, 아래 한 줄)

우리를 헷갈리게 해서 과제 해결을 어렵게 만드는 '방해 자극distractor'은 다음과 같습니다.

d d d d d p p p p p

뒤 페이지의 테스트를 시작하면 첫 번째 줄의 왼쪽부터 한 줄 한 줄 차례로 d2를 찾아내세요. 해당되는 것에 체크를 하면서 60초가 지나면 멈춥니다.

**평가** 1. 속도: 어디까지 갔습니까? 각 줄마다 32개의 문자가 있습니다. 각 줄의 끝에 적혀 있는 숫자 도우미를 이용하면 개수를 한층 쉽게 헤아릴 수 있습니다.

2. 정확도: 다시 한번 천천히 모든 줄을 살펴보면서 당신이 잘못 체크한 것에 표시해보세요(체크하지 않고 건너뛴 d2와 잘못 체크한 방해 자극이 모두 여기에 해당됩니다).

3. 결과: 당신의 속도 값과 정확도 값을 좌표에 표시해 그 결과를 읽으세요. 오리지널 d2 테스트를 하더라도 이것과 똑같은 결과가 나올 가능성이 아주 높습니다.

**알아두면 좋습니다**

"세 번 보고 한 번 행동하라. 젊은 사람들은 이 말을 늘 이해하는 건 아니다. 천천히 실수 없이 하는 것이 서두르다 결국 마지막이 되고 마는 것보다 낫다."

— 스텐 나돌니

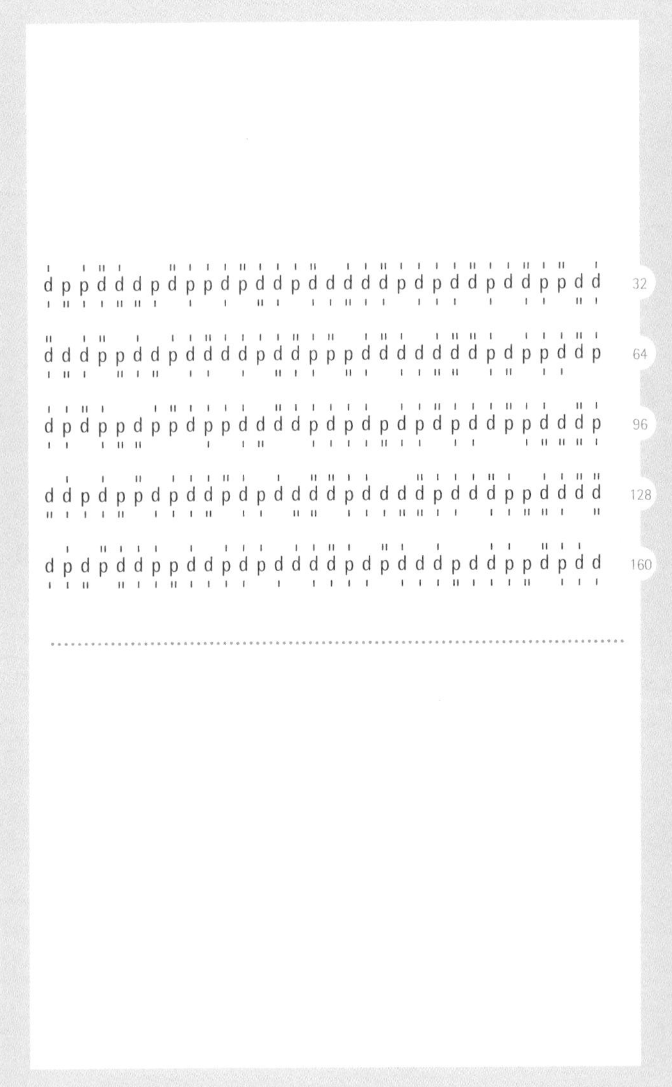
d p p d d d p d p p d p d d p d d d d d p d p d d p d d p p d d 32
d d d p p d d p d d d d p d d p p p d d d d d d d p d p p d d p 64
d p d p p d p p d p p d d d d p d p d p d p d p d d p p d d d p 96
d d p d p p d p d d p d p d d d d p d d d d p d d d p p d d d d 128
d p d p d d p p d d p d p d d d d p d p d d d p d d p p d p d d 160

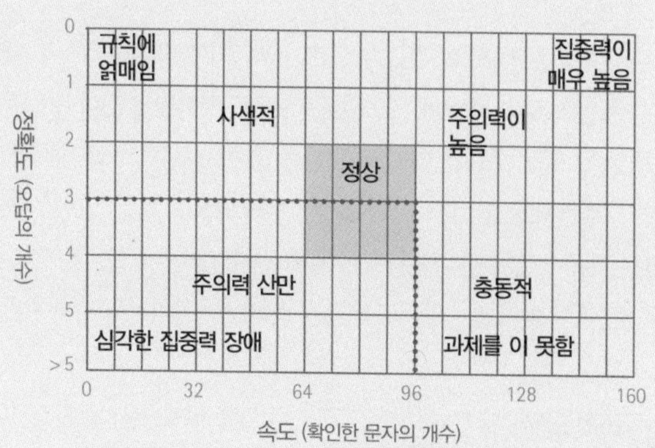


분석 예시: 확인한 문자 96개(속도) 중 오답 3개(정확도)

도움 제공: Hogrefe Verlag GmbH & Co. KG.

N° 읽기 테스트 32

# 나는 얼마나 빨리 읽을 수 있는가?

주제 우리가 온라인에서 읽는 방식은 오프라인에서 읽는 방식과 다릅니다. 전부 읽는 대신에 페이지를 F형으로 읽으면서 건너뛰는 것입니다. 다시 말해, 첫 번째 줄을 읽고 나서 다음 단락으로 수직으로 내려가 거기에서 다시 첫 번째 줄을 읽고 그 다음 글의 마지막으로 가는 방법입니다. 우리는 많은 내용 속에서 일부만을 읽어냅니다. 이런 F형 글 읽기를 하는 것은 우리가 정상적인 읽기로는 충분히 빠르지 않다고 여기기 때문입니다.

TEST 뒤 페이지의 글은 테스트입니다. 이 글을 읽기 전에 스톱워치나 스마트폰의 타이머 기능을 준비해주세요. 시간을 60초로 맞춰 카운트다운을 하면서 읽을 수 있는 데까지 읽으세요. 최대한 빨리 읽되, 꼼꼼히 읽어야 합니다. 나중에 글의 내용에 대해서 질문할 테니까요.

☞ 준비, 시~작!

평가 다음의 통제 질문들에 대답하세요. 커닝은 안 됩니다!

1. WpM은 무엇입니까?
2. 이 글의 단어 수는 얼마나 됩니까?
3. 인구의 몇 %가 속독자입니까?

글의 오른쪽 가장자리에 나와 있는 척도를 이용해, 단어를 몇 개 읽었는지 계산해보세요(이 숫자들은 각 줄의 끝까지 있는 단어들을 모두 더한 개수입니다).

위의 통제 질문에 잘못 대답할 때마다, 당신이 읽은 단어 수에서 20%를 빼세요. 이렇게 해서 나온 결과가 바로 당신의 읽기 능력 WpM입니다.

50~70WpM: 당신의 읽기 능력은 초등학생 수준입니다.
75~150WpM: 당신의 읽기 능력은 초등학생 수준입니다.
150~250WpM: 당신의 읽기 능력은 평균 성인의 수준입니다.
250~300WpM: 당신의 읽기 능력은 대학생 수준입니다.
4700WpM 이상: 당신은 이제 막 세계기록을 경신했습니다!

알아두면 좋습니다

이것 말고도 읽기 능력을 확인하는 앱도 있습니다. 스프리츠Spritz사는 화면에 오직 하나의 단어만 뜨도록 하는 기술을 개발했습니다. 속도는 최고 600WpM까지 올릴 수 있습니다. 이 속도면 『반지의 제왕』도 13시간이면 다 읽을 수 있습니다.

당신이 1분 동안 읽는 단어의 개수가 당신의 읽기 속도입니다. -9
정상 속도는 분당 약 200단어 정도 읽는 것으로서, 읽기 능력 -19
과 글의 난이도에 따라서 달라집니다. 이 글에는 약 300개의 -27
단어가 있습니다. 따라서 당신이 이 글을 1분 안에 다 읽는다 -37
면, 당신의 읽기 능력은 평균 이상입니다. 그러나 그것이 큰 의 -45
미가 있는 것은 아닙니다. 실제로 당신이 무엇을 읽었는지도 이 -53
해해야 하기 때문입니다. 평균적으로 우리는 글의 내용 가운데 -60
60%만 이해합니다. 그러니까 당신이 만약 1분에 200단어를 읽 -68
고 평균적인 글 이해 수준을 갖고 있다면, 당신의 실제 읽기 속 -78
도는 200단어의 60%, 즉 1분당 120단어인 셈입니다. 잘 훈련된 -86
속독자는 인구의 1%밖에 되지 않는데, 이들은 1분에 1,000단어 -94
를 읽고 85%의 글 이해 수준을 갖고 있습니다. 그래서 이들의 -103
실제 읽기 속도는 1,000단어의 85%인 850WpM입니다. 그런 -110
데 어떤 사람들은 왜 다른 사람들보다 더 빨리 읽을 수 있는 걸 -121
까요? 그 비결은 '안구 운동'과 '하위 발성'에 있습니다. 읽는 사 -130
람들의 대다수는 한 줄을 읽으면서 다섯 번에서 여섯 번의 안 -139
구 운동을 합니다. 속독자가 가진 기술은 바로 한 줄을 읽으면 -148
서 안구 운동을 더 적게 하고 이로써 단어 집단을 좀 더 크게 -159
파악하는 데에 있습니다. 우리는 모든 단어를 일일이 읽지 않 -168
아도 문장의 의미를 '예감'할 수 있습니다. 하위 발성은 읽기 초 -178
보자들이 보통 많이 사용하는 방법으로서, 자신들이 읽는 단어 -185

를 조그마한 소리로 따라 말하는 것입니다. 이 기술을 사용하면 -193
단어를 집단으로 파악하지 않게 되는데, 이것은 각각의 단어들 -201
을 '낭독'하게 되기 때문입니다. 속독을 비판하는 사람들은 글에 -208
나타난 복잡한 생각의 흐름을 정말로 함께 따라가면서 그것을 -216
기억까지 하려면 이런 하위 발성이 꼭 필요하다고 지적합니다. -224
속독은 읽는 것을 즐긴다는 아이디어와 상치됩니다. 좋은 책을 -232
450WpM으로 훑어본다는 것은, 별이 몇 개나 되는 훌륭한 레스 -241
토랑에서 나오는 메뉴를 10분 안에 다 먹어치우는 것에 비유할 -249
수 있습니다. 이에 대해 속독자들은, 우리가 읽는 것 대부분이 -257
이해하기에 복잡하지도 않고 또 그 의미를 곱씹으며 즐길 만한 -266
것도 아니라고 반박하고 있습니다. -270

No 카피 테스트 33

# 나는 글을 얼마나 잘 쓰는가?

주제

아주 간단하게 정리하면, 우리 인간은 크게 두 종류로 구분할 수 있습니다. 말로 이야기하는 사람과 글로 이야기하는 사람입니다. 전자는 말로 더 잘 표현합니다. 이들은 말을 하면서 생각합니다. 후자는 백지를 가지고 조용한 곳에 외따로 있는 것이 필요합니다. 이들은 글을 쓰면서 생각합니다. 그러나 말로 이야기하는 사람도 글을 잘 쓸 수 있습니다. 연애편지, 이메일, 페이스북 포스트, 지원서 등 세상은 오늘날 온갖 서면상의 도전 과제들로 넘쳐납니다.

아르투어 쇼펜하우어Arthur Schopenhauer, 조지 오웰George Orwell, 콘스탄틴 자입트Constantin Seibt와 같은 위대한 작가들의 작은 트릭을 소개해보겠습니다.

1. 짧은 단어들이 더 좋습니다. '배경 지식'이라고 적지 말고 '지식'이라고 적으세요. '구체적인 예'를 들지 말고 '예'를 드세요.
2. 간략하게 표현하세요. 복합문은 쓰기엔 편하지만 읽기엔 어렵습니다. 절대 규칙: 한 문장에 한 가지 생각만.
3. 전문 용어는 피하세요. '패러다임의 전환', '퍼포먼스' 또는 '수익경고' 등과 같은 개념은 전문가들만 이해할 수 있습니다.

4. 쓴 글을 소리 내어 읽어보세요. 어렵게 들리는 말은 읽기도 어렵습니다.
5. 이 모든 규칙들을 깨뜨리세요.

쓰기의 결정판은 광고 문구의 작성이라고 할 수 있습니다. 광고 문구를 만들 때에는 '광고계의 거장' 데이비드 오길비David Ogilvy의 황금률 '지루하게 만들어서는 안 된다!'를 따릅니다. 가장 좋은 것은 전달하려는 메시지를 고상하면서도 재미있게 또 유혹적으로 만드는 것입니다. 그리고 이런 자체 규칙을 깰 수 있어야 합니다. 영국의 경제 전문지 《이코노미스트The Economist》에 게재된 다음의 광고가 좋은 예라고 할 수 있습니다. "광고는 최대 여덟 단어로 구성돼야 합니다. 그 이상이 되면 일반적인 독자들이 메시지를 한눈에 받아들일 수 없습니다. 이것은 물론 《이코노미스트》 독자들을 위한 광고입니다."

TEST 카피라이터가 되는 길을 걷다 보면 카피 테스트(여기에서 '카피'는 광고 문구를 뜻하는 전문 용어입니다.)를 거치게 됩니다. 다음 페이지에는 독일의 전설적인 광고 대행사인 슈프링어&야코비Springer & Jacoby의 카피 테스트 중 한 가지가 나와 있습니다.

알아두면 좋습니다

말하지 않을 것이면 쓰지도 말라.

당신이 거지라면 아래 표시판에 무엇이라고 쓰겠습니까?

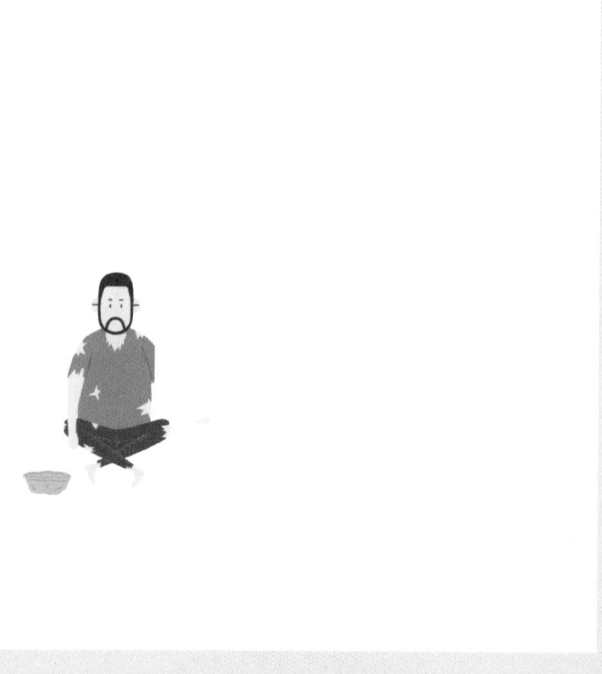

**질적 평가:**
당신이 훌륭한 카피라이터라고 생각하는 사람에게 당신이 쓴 글을 점수로 평가해달라고 부탁하세요.

**경쟁 평가:**
당신이 훌륭한 카피라이터라고 생각하는 사람에게 위 표시판에 적당한 글을 써달라고 부탁하세요. 그런 다음 당신의 것과 비교해보세요.

**양적 평가:**
보드에 당신만의 문장을 적어 2시간 동안 사람들이 지나다니는 길에 앉아 있으세요. 그런 다음 당신이 보행자들로부터 돈을 얼마나 받았는지 살펴보세요.

N° 창의력 테스트 34

# 나는 창의적인가?

주제 창의력 연구를 딱 하나의 질문으로 나타낸다면, 이렇게 표현할 수 있습니다. '창의력은 고양이인가 아니면 개인가?' 주인이 부르는데도 멀리 있으면서 자기가 하고 싶은 대로 다 하고 나중에 자기가 원할 때 오는 것이 창의력일까요? 아니면 이 창의력이라는 것도 우리가 길들이고 훈련시킬 수 있는 걸까요? 창의력이 우리가 부를 때 오는 것이냐 아니냐 하는 문제에 대해 모든 업계가 촉각을 곤두세우고 있습니다. 그리고 그에 대한 학계의 현재 대답은 '모른다.'입니다. 창의력 연구학자들이 한 가지 확실하게 알고 있는 것은 바로 그것보다 더 중요한 질문인 '어떤 사람이 창의적인가?' 하는 것에 대한 대답입니다.

TEST '대체 사용 과제Alternative Uses Task'와 '토랜스 창의력 검사Torrance Test of Creative Thinking'라는 두 가지 유명한 조사 방법이 있습니다. 이제부터 당신은 이 검사법의 원리를 보게 되실 겁니다. 여기에서 제시하는 방법이 학문적인 연구보다 더 뛰어나다고 할 수는 없습니다. 그렇지만 이들은 좀 더 많은 독창적인 해결책을 요구하고 있습니다. 정답을 요구하는 것은 결코 아닙니다. 그리고 이것이 바로 창의력에 대한 올바른 정의에 꽤 가깝다고 할 수 있습니다.

☞ 이제 뒤 페이지에 나와 있는 테스트를 해보세요.

1. 아이디어의 풍부성: 당신은 다양한 아이디어를 떠올렸습니까?

2. 독창성: 당신의 제안은 얼마나 독특합니까?(스마트폰의 SIM 카드 덮개를 여는 용도로 사무용 클립을 사용한다는 것은 이미 널리 알려져 있습니다.)

3. 유연성: 당신의 아이디어는 얼마나 다양한 분야를 아우릅니까?(SIM 카드 덮개와 컴퓨터 재부팅 버튼은 둘 다 '기계적 해킹'입니다.)

4. 차별성: 당신의 설명은 얼마나 정확합니까?

알아두면 좋습니다

**::연상 능력을 높이고 싶다면: 맥주 두 잔을 빨리 들이켜세요.**

2012년 '뮤즈의 코르크 마개를 열다Uncorking the Muse'라는 제목의 한 연구에서 미국 학자들은 적절한 음주가 연상 능력을 촉진한다는 사실을 발견해냈습니다(물론 당신이 맥주를 두 잔 이상 마실 수 있는 사람인 경우에 해당되는 이야기입니다. → 알코올의존자 테스트 p. 88).

사무용 클립의 새로운 용도를 생각해보세요.

⏱1분

☞ 다음 페이지에서 당신의 시각적 창의력을 테스트해보세요.

아래의 스케치를 보세요. 이것을 하나의 그림으로
완성시킨 후에 제목을 붙여보세요.

⏱2분

제목 :

☞ 뒤에 나와 있는 다른 사례와 기준들을 이용해
당신의 그림을 스스로 평가해보세요.

당신이 그린 그림의 창의성 정도를 아래의 사례와 비교해보세요.

| 기본 밑그림 | 명백함 | 창의적임 |
| --- | --- | --- |
| 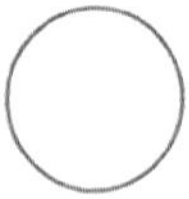 |  스마일 |  로빈 굿(Robin Good) |
|  |  여름 별장 |  우리는 개를 믿는다 (In Dog We Trust) |

| 기본 밑그림  | 명백함  | 창의적임  |
| --- | --- | --- |
| | 니모 | 꽃의 힘<br>(Flower Power) |

☞ 당신의 그림은 얼마나 독창적입니까?
얼마나 많은 아이디어가 들어 있나요? 얼마나 세밀합니까?
그림의 제목은 당신의 언어적 창의력을 보여줍니다.

N° | WpM 테스트 | 35

# 나는 얼마나 빨리 타이핑하는가?

주제 21세기 초에 나타난 한 가지 흥미로운 현상이 있습니다. 손 글씨가 사라지고 있다는 것입니다. 엄격하게 말해 우리는 이제 서명하고 메모할 때에만 손으로 글씨를 쓰고 있습니다. 물론 고급 레스토랑의 메뉴판은 멋스러운 손 글씨로 적혀 있고 의사들이 처방전을 쓸 때 암호 같은 글자를 적습니다. 학자들은 학습 성과의 향상과 종이와 연필 사용 사이의 상관관계를 지치지도 않고 계속 입증하며 많은 건축가들과 예술가들은 그들의 아이디어를 아직도 종이에 스케치하고 있습니다. 그럼에도 불구하고 컴퓨터는 손 글씨를 거의 몰아내 버렸습니다. 기계 글씨가 더 빠르고 더 읽기 쉽고 수정하기도 더 편리하기 때문입니다.

TEST 쓰기 속도는 읽기 속도와 같은 WpM으로 측정합니다. 독일에서는 ApM(분당 타수를 의미하며 5ApM = 1WpM입니다. 키보드 타수를 기준으로 할 때는 시프트키도 인정해서 대문자는 타수를 두 개로 계산합니다.)을 사용하기도 합니다.

평가 65WpM이면 좋은 것으로 간주합니다. 열 손가락을 모두 이용해 타이핑하는 숙련된 사람은 80WpM 또는 그 이상을 보이지만, 손가락 두세 개를 이용하는 사람(이른바 독수리 타법)은 평균 속도가 25WpM 정도입니다. 이보다 더 느리게 글자를 치는 경우는 직접 손으로 적는 것밖에 없습니다. 손으로 글을 쓸 때에는 22WpM을 넘는 경우가 드뭅니다. 단, 속기를 사용하는 경우는 제외합니다. 속기의 세계 신기록은 350WpM이나 됩니다. 속도보다 더 중요한 것은 오류율입니다. 체코 프라하 출신의 헬레나 마토우스코바Helena Matouskova는 3분간 164WpM의 속도로 글자를 치면서 오타는 불과 네 개에 그쳐, 세계기록을 세웠습니다.

알아두면 좋습니다

얼마나 빨리 쓰고 얼마나 많은 오류를 내는지만 중요한 것이 아니라, 무엇을 언제 쓰는지도 중요합니다. 30초의 규칙을 소개하면 다음과 같습니다.

모든 회의, 모든 강연, 모든 대화가 끝날 때마다 매번 30초의 시간을 가지세요. 그리고 그 시간에 중요한 핵심 사항들을 간단히 메모해두세요. 그게 전부입니다. 간단하게 들리고 심지어 아무 의미 없는 일처럼 보이지만, 이것이 모든 것을 바꿔놓을 것입니다.

타이머를 60초에 맞춰 놓거나,
누군가에게 시간을 좀 재어달라고 하세요.

워드 문서를 열고 다음 문장을
1분 동안 최대한 많이 써보세요.

안녕하세요?

저는 짧은 글입니다.

저를 따라서 똑같이 써보세요.

1. 단어 개수를 헤아리세요(MS 워드 프로그램에서 검토 탭의 단어 개수를 이용하면 됩니다).

2. 그 결과에서 오타를 빼세요. 오타 하나마다 한 단어씩 빼면 됩니다. 그 값이 당신의 WpM입니다.

여기에 그 값을 기록하세요 :

35 미만 = 평균 이하
35~65 = 평균
65 초과 = 평균 이상

N° 면접 테스트 36

# 나는 누구를 채용하겠는가?

주제 면접은 누구나 잘 알고 있는 테스트로서, 주어진 시간은 적고 심적 압박은 큽니다. 지원자들은 자신의 가장 좋은 면만 보여주려 합니다. 고용주 입장에서는 원칙적으로 두 가지 질문만 중요할 뿐입니다. 왜 우리는 저 사람을 고용해야 하는가, 왜 저 사람은 우리에게 오려 하는가입니다. 그런데 당락을 결정짓는 것이 호감도나 외양인 경우도 종종 있습니다. 자신을 '잘 파는' 사람이 점수도 더 높게 받습니다. 대기업들이 더 객관적인 평가를 위해 갈수록 표준화된 심리 테스트에 더 많이 의존하는 이유도 이와 무관하지 않습니다. 다만 면접에서는 그 트렌드가 약간 후퇴한 감이 있는데, 구글의 경우만 해도 이른바 '행동 면접Behavioral Interviews'을 신뢰하고 있습니다.

'행동 면접'은 다음의 두 가지 전제에서 출발합니다.

1. 과거는 미래를 보여주는 가장 좋은 지표이다.

고용주로서 당신은 이제 더 이상 "다음 상황을 당신이라면 어떻게 해결하겠습니까?"라고 묻지 않습니다. 대신 "당신이 한 가지 상황을 들어 어떻게 문제를 해결했는지 말씀해보십시오."라고 요구합니다. 이제 우리는 가정해 질문을 던지지 않고 경험에 근거한 이야기를 듣길 원하는 것입니다. 중요한 것은 그 사람이 얼마나 많은 직업 경험을 했느냐가 아닙니다. 우리는 사소한 순간에도(학교나 다른 단체 생활) 자신만의 소중한 식견을 가질 수가 있습니다.

2. 경험은 옳지 않거나 틀린 것이 될 수 없다.

이제 "당신의 단점은 무엇입니까?"라고 묻지 말고 "무엇무엇에 대해 말씀해 보십시오."라는 투의 문장으로 질문을 합니다. 이로써 지원자들은 올바른 대답을 해야만 하는 압박감을 덜 받습니다.

☞ 우리의 모습을 가식적으로 연출하지 않을수록 진면목을 더 많이 보여줄 수 있습니다.

알아두면 좋습니다

**::S-T-A-R 방법을 이용하면 행동 면접에 합격할 수 있습니다.**

먼저 출발 상황Situation과 과제Task를 설명한 뒤에, 당신이 어떠한 행동Action을 했고 또 그것을 어떻게 해결했는지에 대한 결과Result를 묘사합니다. 여기에서 중요한 것은 성공사를 이야기하는 것이 아닙니다. 당신이 그 상황을 이해해서 당신만의 경험과 결부 지을 수 있음을 보여주는 것이 핵심입니다.

## 다섯 가지 행동 질문

1. 당신의 부모는 무슨 일을 합니까? 당신의 형제자매들은 어떤 일을 합니까?

   ☞ 이것은 그 사람이 왜 그런 일을 하려고 하는지, 그 사람이 어떤지에 대한 배경을 파악하는 질문입니다.

2. 당신이 어려운 문제를 해결해야만 했던 상황 하나를 설명해보세요.

   ☞ 두 가지 종류의 정보로 이어지는 질문입니다. 첫째, 지원자는 진짜 상황에서 자신이 어떻게 대응했는지를 설명하게 됩니다. 둘째, 이로써 당신은 소소하지만 중요한 메타 정보, 가령 지원자가 '어려운 상황'이라는 것을 어떻게 이해했는지에 대한 정보를 얻게 됩니다.

3. 당신은 어떤 성격의 사람들과 함께 잘 일하지 못합니까?

   ☞ 이는 지원자를 약간 당황하게 하는 행동 질문으로서, 실은 누구나 다 알고 있는 사실에 관한 문제입니다. 즉 모든 사람들과 다 잘 지낼 수 있는 사람은 없다는 것입니다. 이때 지원자는 어떤 성격의 사람들과 어울리는 것이 어려운지 곧바로 이야기하는 것이 좋습니다. 그리고 그에 대해서 자신이 어떻게 대처하고 있는지도 말해야 할 것입니다.

4. 당신이 처음으로 뭔가를 해본 것이 가장 최근에 언제였습니까?

☞ 호기심은 학습에 필요한 핵심 능력입니다. 누구나 자신이 호기심이 있다고 여깁니다. 그런데 지원자는 그것을 최근 들어 언제 실제로 드러내 보였을까요?

5. 당신이 면접관이라면 당신에 대해서 1~10점 중 몇 점으로 평가하겠습니까?

☞ 1차적으로 이 질문에 대한 피드백은 면접관에게 매우 흥미로울 것입니다. 그리고 이 질문은 지원자가 권위에 대해 어떻게 대처하는지를 테스트하는 것입니다. 지원자는 자신에 대해서 얼마나 진실한 믿음을 가지고 있을까요?

## N° GMAT 37

# 나는 출세할 수 있을까?

주제 세상이 정부의 수장들이 아니라 재계의 보스들에 의해 움직이고 있는 게 맞다면, 이렇게 물어볼 수 있을 겁니다. 그들은 어떤 기준으로 선별되는 걸까? 이 책의 문맥에서 본다면 이 질문은 '그들은 어떤 테스트를 통과해야 할까?'라고 할 수 있을 것입니다.

미래의 경영진에게는 MBA가 고위직으로 들어서기 위한 가장 중요한 학력으로 간주되고 있습니다. 이는 기초적인 영업 지식과 소셜 스킬에 주안점을 두는 일종의 속성 경영학 과정이라 할 수 있습니다. 중요한 것은 MBA를 하는 것이 아니라, 어디에서 MBA를 하느냐입니다. 명문 학교의 MBA만 있으면 이력서가 아무리 애매해도 블루칩 기업의 최고 자리에 앉을 주인으로 용인됩니다. 또 이 MBA는 서로 일자리나 이사급의 자리를 내어주는, 그들만의 배타적인 소집단으로 들어갈 수 있는 입장권이기도 합니다. 그래서 하버드 경영대학원이 자신들의 MBA 프로그램을 '평생 학습'이 아니라 '평생 네트워킹'으로 내세우고 있는 것도 결코 과언이 아닙니다.

TEST MBA를 공부하기 위한 전제조건은 경영대학원의 입학시험인 GMAT입니다. GMAT는 그 자체가 100만 달러짜리 사업입니다. 이 시험의 응시료는 250달러며 한 해에 약 25만 명이 시험을 치르고 있습니다. GMAT 시험은 3시간 30분이 소요되며 다음의 네 가지 영역으로 이루어져 있습니다.

1. 분석적 작문 평가AWA; Analytical Writing Assessment: 응시자는 한 가지 논제에 대해서 분석, 비판해야 합니다. 가령 '민간기업은 공공기업보다 더 성공적이다.'와 같은 논제가 나올 수 있습니다. 이 작문은 최종 결과에 영향을 주지는 않지만, 반드시 제출해야 하는 필수 전제조건입니다. MBA 컨설턴트들은 "AWA에 단 하나의 뇌 세포도 허비하지 말라."고 조언합니다(제한시간 30분).

2. 통합 추론IR; Integrated Reasoning: 이 영역에서는 응시자가 표와 다이어그램을 읽을 수 있는지 여부를 테스트합니다. 이 영역은 2012년에 비로소 도입됐는데, 졸업생 대부분이 가장 가고 싶어 하는 기업 컨설팅 업체들이 차트와 다이어그램을 읽을 줄 아는 능력을 텍스트 이해력보다 더 중요시하기 때문입니다. 이 영역도 점수에는 영향을 주지 않습니다. 따라서 스트레스를 받지 않아도 됩니다(12문항, 30분).

3. 객관식 수리Quantitative: 이 영역에서는 다음과 같은 문제가 나옵니다(37문항, 75분).

예: 16은 128의 몇 %인가?

A: 0.125%, B: 8%, C: 12.5%, D: 12.8%, E: 128%.

4. 객관식 언어Verbal: 이 영역에서는 언어 이해력을 테스트하는 언어 분석적인 질문들이 제시됩니다. IQ 테스트와는 달리, GMAT에서는 정답을 맞힐 때마다 질문 난이도가 계속 올라갑니다. 바로 여기에서 누구는 하버드로 가고 누구는 하노버로 갈지가 정해집니다(41문항, 75분).

**평가** 총점은 200~800점 사이로 나오며, 평균 점수는 545점입니다. 스탠포드나 인시아드, 워튼과 같은 명문 학교에 입학하고 장학금까지 받으려면 700점 이상은 돼야 합니다. 물론 760점 이상을 받은 사람은 사회적인 괴짜가 아니냐는 의혹을 받게 돼, 비즈니스 세계의 최고위직으로는 부적합한 것으로 평가됩니다.

이 테스트는 무엇을 말해줄까요? 뭐, 별로 없습니다. GMAT를 치른 것과 훗날 직장 생활에서의 성공 사이에는 아무런 상관관계가 없습니다. 또 GMAT 성적과 MBA 이후의 초봉 사이에도 아무 개연성이 없습니다. 한 조사에서 GMAT 점수와 1년 후 학업 성과 사이의 유효성 계수는 0.48로 나타났습니다(1.0은 GMAT 시험이 1년 후 응시자의 학업 성과를 정확하게 예측한다는 뜻이고 0.0은 예측이 순전히 우연이라는 것을 의미). GMAT의 진단 능력은 그러니까 전반적으로 괜찮은 편입니다.

**2013년도 GMAT 성적**

| 순위 | 국가 | 점수 | 순위 | 국가 | 점수 |
|---|---|---|---|---|---|
| 1위 | 뉴질랜드 | 608점 | 9위 | 중국 | 582점 |
| 2위 | 싱가포르 | 605점 | 10위 | 한국 | 581점 |
| 3위 | 아르헨티나 | 591점 | 11위 | 스위스 | 580점 |
| 3위 | 오스트리아 | 591점 | 20위 | 독일 | 570점 |
| 3위 | 벨기에 | 591점 | 29위 | 프랑스 | 559점 |
| 6위 | 호주 | 590점 | 38위 | 러시아 | 553점 |
| 6위 | 영국 | 590점 | 51위 | 네덜란드 | 532점 |
| 8위 | 우루과이 | 587점 | 51위 | 미국 | 532점 |

알아두면 좋습니다

"나는 지원자들의 테스트 결과만 보지 않는다. 이 결과는 물론 우리 회사의 미래 능력과 가장 큰 상관관계가 있다. 그것 말고도 나는 명문 학교 졸업증명서에 나온 수리 영역 점수도 살펴본다."

— 어느 유명한 기업 컨설팅 업체의 인사 책임자

N° | 리더십 테스트 | 38

# 나는 어떻게 이끌어 나가는가?

주제 잠시 두 눈을 감고 당신이 예전에 일했던 직장의 상사를 떠올려보세요. 누가 기억에 남아 있나요? 상사가 리더십을 보여준 어떠한 상황이 당신의 마음속 눈앞에 떠오르나요?

정확하게 '리더십'이 무엇인지에 대해서는 논란이 많습니다. 학계는 다만, 모호한 상황에서 용감한 결정을 내리는 능력이 리더십의 **한 특징**이라는 데에만 입을 모으고 있을 뿐입니다. 그러나 자신의 직원들이나 팀, 민족에게 확신을 주지 못하는 사람은 힘이 없습니다. 그렇기 때문에 대다수 리더십 이론에 따르면 결정의 힘은 늘 '사람들 요인people factor'을 고려해 평가되고 있습니다. 소프트 스킬로 잘못 일컬어지고 있는 이 능력은 당신이 **무엇을** 달성하는지가 아니라 **어떻게** 달성하는지를 설명합니다. 학자인 한스 힌터후버Hans Hinterhuber는 경제 전문지 《브란트아인스Brandeins》와의 인터뷰에서 리더십에 대해 다음과 같이 밝혔습니다. "리더십의 기본 과제는 사람들에게 관심을 가지고 그들이 발전할 수 있도록 도와주고 그들이 스스로 가능하다고 여기는 것보다 좀 더 높은 것을 향해 노력하도록 그들을 자극하는 것입니다." 힌터후버는 "그것을 관리와 혼동해서는 안 될 것입니다. 관리란 이미 존재하는 것을 최적화하는 것에 지나지 않습니다. 리더십은 이와는 완전히 다릅니다. 리더십은 시스템을 만들어내고 또 변화시킵니다."라고 덧붙였습니다.

TEST

마이클 록Michael Lock과 로버트 휠러Robert Wheeler가 개발한 '리더십 평가 지표LJI; Leadership Judgement Indicator' 테스트는 먼저, 당신이 상황에 따라 적절한 리더십을 가질 수 있느냐를 평가합니다. 또 다른 한편으로 이 테스트는 네 가지 전형적인 결정 유형 또는 리더십 유형 가운데 당신이 어떠한 것을 선호하는지도 파악합니다. 이때 모든 상황이 특정한 리더십을 요구하고 있다는 전제가 이 '상황적 리더십'의 핵심 명제입니다. 이제부터 LJI를 토대로 간단한 테스트를 실시해보세요.

알아두면 좋습니다

"최고의 지도자는 부하들이 그의 존재를 거의 인지하지 못하는 사람이다. 그는 목표를 달성하고 나면 사람들에게 이렇게 말한다. '우리가 그걸 직접 해냈다.'라고."

— 노자

아래 글을 읽고 각 행동들을 평가해보세요.

당신은 한 애플 스토어의 판매팀장입니다. 당신은 최근 새 영업 사원 네 명을 채용했습니다. 그런데 당신의 매장 건너편에 경쟁사가 플래그십 스토어를 오픈했습니다. 신입 사원들은 당신보다 경험이 적습니다. 당신은 이 신입 사원들의 강점과 약점들을 아직 잘 파악하지 못한 상태입니다. 지금 이들에게 교육을 시키고 있는데, 이들은 당신의 경험을 높이 우러러보고 있는 것처럼 보입니다. 그런데 갑자기 사장이 맞은편 경쟁 업체에 대해서 어떻게 대응할 것인지 당신에게 대책안을 제시하라고 요구합니다. 당신은 어떻게 하겠습니까?

대안 1: 모든 기본 여건들을 고려한 구상안을 당신 혼자서 마련한다.

1 2 3 4 5

대안 2: 신입 사원들에게 정확한 기본 여건에 대해 알려주면서, 이들에게 새로운 구상안을 마련할 것을 요구한다.

1 2 3 4 5

대안 3: 회의를 하면서 당신의 구상안에 대해 이 신입 사원 네 명과 논의한다. 당신은 의견이 모아지는 해결책을 함께 찾으려고 한다.

1 2 3 4 5

대안 4: 미팅을 하면서 이 신입 사원 네 명의 의견을 물어본 후에 구상안을 마련한다.

1 — 2 — 3 — 4 — 5

대안 1 : 지시형　대안 2 : 위임형
대안 3 : 협의형　대안 4 : 상담형

## 어떤 것이 올바른 리더십일까요?

이 가상의 예에서 가장 적절한 선택은 대안 1(지시형)일 것입니다.

이유: 이 결정은 신속하게 내려져야 합니다. 이 결정은 중요하고 또 필요한 모든 정보가 팀장인 당신에게 제시돼 있습니다. 직원들은 당신의 경험을 높이 평가하고 있고 아마도 당신의 결정을 따를 준비가 돼 있을 것입니다. 대안 3(협의형)은 이 시나리오에서 가장 적절하지 못한 리더십입니다. 이 직원들은 이런 상황에 대해서 아무 경험이 없습니다. 시간에 쫓기고 있는 데다, 당신의 리더십이 부족한 것으로 평가될 우려까지 있습니다.

당신은 대안 1이 '적절하다', 혹은 '매우 적절하다'라고 평가하셨나요? 대안 3은 (매우) 부적절하다고 평가했습니까? 그렇다면 당신은 올바른 상황적 리더십을 인식해낼 수 있는 것처럼 보입니다. 적어도 이 시나리오에서는요. 그런데 그런 평가는 어디에 기초하고 있나요? LJI 개발자들에 따르면, 다음에 나오는 열 가지 요인들이 리더십을 결정하는 데에 중요한 역할을 차지하고 있습니다.

| | |
|---|---|
| 중요성 | 이것이 중요한 결정인가? |
| 긴급성 | 이 결정이 반드시 신속하게 내려져야 하는가? |
| 정보성 | 단독으로 결정을 내리기에 충분한 정보가 경영진에게 제시돼 있는가? |
| 경험 | 경영진이 이와 유사한 결정을 통해 일을 성공적으로 처리해낸 경험이 있는가? |
| 직원 발전 | 이 결정이 직원들의 역량을 더욱 발전시킬 수 있는 좋은 기회를 제공하는가? |
| 몰입 | 직원들이 경영진의 결정을 따를 것인가? |
| 독립성 | 직원들이 문제를 독자적으로 해결할 수 있을 것인가? |
| 신뢰 | 직원들이 이 상황을 훌륭하게 해결해낼 것이라고 경영진이 믿을 수 있겠는가? |
| 갈등 잠재성 | 이 결정을 통해 커다란 갈등이 예상되는가? |

## 공식 4 모델

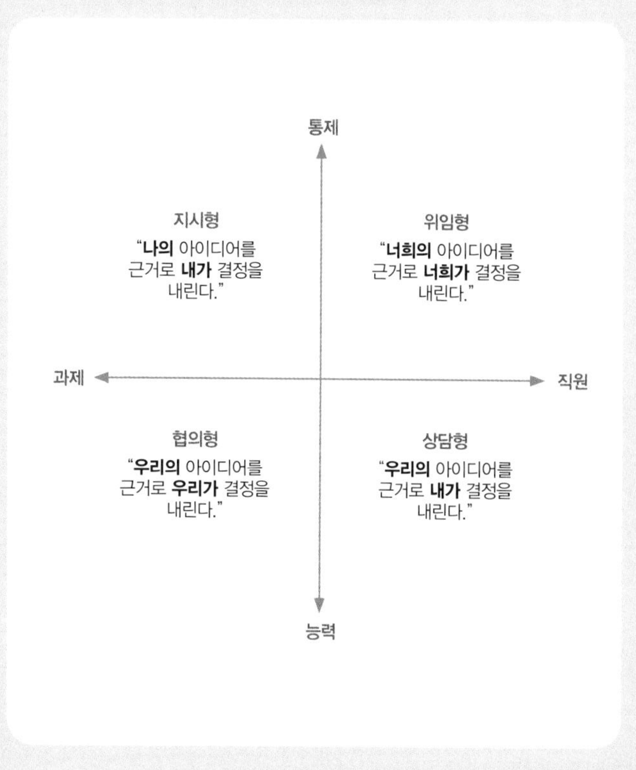


사용 동의: Hogrefe AG, Verlag Hans Huber.

No 셀프 리더십 테스트 39

# 나는 나 자신에게 동기를 부여할 수 있는가?

주제 앞에서는 당신의 리더십을 평가해봤습니다. 그런데 한 가지 질문이 여전히 남아 있습니다. 도대체 리더십이라는 것은 누가 이끄는 것일까요? 그 대답은 바로 '리더십 그 자체'입니다. 학계에서는 리더십 전략을 다음과 같이 세 가지로 구분합니다.

1. 행동: 자기 자신의 행동을 바꿀 수 있는 능력을 뜻합니다. 아무것도 아닌 것처럼 들리지만, 이것이 바로 셀프 리더십의 본질입니다. 한 가지 예를 들어 보죠. 당신이 데드라인을 지키는 것을 힘들어한다고 가정해봅시다. 당신은 어떻게 대처할 건가요? 데드라인을 회피할 겁니까? 아니면 언제나 프로젝트를 마지막 순간에 끝마친다는 사실을 그저 순순히 받아들이고는 매번 그렇게 하면서 괴로워할 건가요? 그것도 아니면 당신의 습관을 바꾸려고 노력할 건가요?

2. 자기보상: 당신 스스로에게 동기를 부여해주는 상황을 만들어내는 능력을 뜻합니다. 우리의 행위에서 기쁨을 느끼게 된다면, 우리는 스스로를 더욱 능력 있고 자신감이 넘치는 존재로 인식하게 되고 또 업무도 더욱 가치 있게 여기게 됩니다. 그런데 모든 과제가 즐거울 수는 없습니다. 그렇기에 이런 질문이 떠오릅니다. 당신은 주어진 과제에서 매력적인 측면을 더욱 확대시키거나 부정적인 측면에 대해서 의식적으로 눈감을 수 있나요?

3. 사고방식: 자기 자신만의 사고방식을 긍정적으로 넘어서는 능력을 뜻합니다. 이에 대한 한 가지 좋은 예는 독백입니다. 우리는 모두 중요한 상황을 목전에 두고 무엇이 잘못될 것인지 마음속으로 그려보곤 합니다. 우리의 머리는 비관주의자처럼 보입니다. 당신이 훌륭한 셀프 리더십을 가졌는지 한번 물어보죠. 당신은 파괴적이고 용기를 앗아가는 독백을 긍정적으로 변화시킬 수 있나요?

TEST 여기 미국 학자 제프 호튼Jeff Houghton이 만든 질문지가 있습니다. '축약형 셀프 리더십 질문지ASLQ; Abbreviated Self-Leadership Questionnaire'라는 것인데, 이는 셀프 리더십 측정의 표준이라고 할 수 있는 셀프 리더십 척도RSLQ; Revised Self-Leadership Questionnaire의 축약판입니다.

알아두면 좋습니다

**:: 이 축약판을 더 짧게 간추린 두 가지 질문을 이용한 셀프 리더십 테스트를 소개합니다.**

당신이 뭔가를 해냈을 경우, 보통 당신 자신에게 어떻게 상을 줍니까?
당신이 뭔가에 실패했을 경우, 당신 자신에게 어떻게 벌을 줍니까?

당신은 아래의 문구에 얼마나 자주 해당됩니까?

전혀 해당되지 않는다 1 — 2 — 3 — 4 — 5 언제나 해당된다

1. 나 스스로 설정한 목표를 향해 노력한다.
2. 나 자신과 나의 성과에 대해 구체적인 기대치를 갖고 있다.
3. 내가 지금 일을 잘하고 있는지 여부를 인식하고 있다.
4. 어려운 상황에 처하면 내 견해를 되짚어본다.
5. 과제를 앞두고 그것을 어떻게 성공적으로 처리해낼 것인지 상상해본다.
6. 어려운 상황을 여러모로 생각해보기 위해 독백을 한다.
7. 어려운 과제를 실제로 착수하기에 앞서, 그것을 어떻게 성공적으로 수행해낼 것인지 머릿속으로 그려본다.
8. 반발에 부딪히면 나의 확신이 적절한 것인지 여부를 검토해 본다.
9. 내가 과제를 성공적으로 마친 경우에는 내가 좋아하는 무언가로 나 자신에게 상을 주곤 한다.

당신의 점수를 더해보세요:

**36점 초과** = 셀프 리더십이 매우 강합니다. 당신은 당신의 행동과 생각을 긍정적으로 조절할 수 있습니다.

**19~36점** = 평균 수준의 셀프 리더십을 가지고 있습니다. 셀프 리더십 전략을 다시 한번 읽어보세요. 그리고 어떻게 하면 이 점들을 개선할 수 있을지 자문해보세요.

**19점 미만** = 개선의 여지가 있습니다. 당신의 목표가 충족되지 않았던 상황을 머릿속에 떠올려보세요. 문제가 무엇이었습니까? 셀프 리더십의 부족이 거기에서 어떤 작용을 했습니까?

사용 동의: Jeffery D. Houghton, West Virginia University.

N° | 풍수 테스트 | 40

# 나의 일터는 풍수적으로 어떠한가?

주제 공자는 『예기禮記』에서 내적인 조화가 행복의 열쇠며 이는 우리와 우리 주변의 상호작용 속에 숨어 있다고 했습니다. 이런 확신의 핵심은 바로 외면과 내면이 연결돼 있다는 데에 있습니다. 어찌할 바를 모르겠고 성공이나 행운이 따르지 않는 사람은 절망적으로 자기 속으로 침잠할 것이 아니라, 주변을 주의 깊게 둘러봐야 합니다. 왜냐하면 외부세계가 결국 내부세계에 대한 귀납적 추론을 가능하게 하기 때문입니다. 이교도적인 미신처럼 들리겠지만, 누구나 알고 있는 사실이 하나 있습니다. 우리가 좋은 형세에 있을 때는 기분도 더 좋고 일도 더 효율적으로 하고 의사소통도 더욱 깔끔하게 할 수가 있습니다. 반대로 부정적인 형세는 긴장감을 조성하고 지치게 만들며 각종 갈등을 일으킵니다. 조화로운 삶과 일에 관한 고대 중국의 가르침인 풍수에 따르면, 일단 '형세'가 아니라 '지대'입니다. 이는 우리의 삶의 에너지(기)가 흐르거나 흐르지 않는 물리적인 영역을 뜻하는 것입니다. 이 지대는 어떤 삶의 분야에 우리가 주목하고 있는지 알려줍니다. 예를 들어, 당신의 책상 오른쪽에 있는 것은 당신이 좋아하거나 당신이 두려워하는 미래 혹은 주제를 상징합니다. 책상 왼쪽에 있는 것은 당신이 어쩌면 놓지 못하는 과거, 오래된 잔재들을 상징합니다. 혹은 당신이 즐겨 생각하는 사건들일 수도 있습니다. 맞나요?

TEST 정확한 풍수 분석은 매우 복잡합니다. 그러나 기본 규칙은 확실해서 왜 우리가 그렇게 쉬운 것을 쉽게 실천하지 못했는지 놀라울 정도입니다. 만병통치약처럼 모든 것에 적용되는 일괄 답안은 없습니다. 그냥 당신에게 걸리는 것을 변화시키면 됩니다. 만약 당신에 육교 아래가 편안하게 느껴진다면 거기에 그냥 있으면 됩니다.

**알아두면 좋습니다**

책상의 모습이 머릿속의 모습이다: 결정을 내리기 전에 정리 정돈부터 하세요.

### 속성 체크: 당신의 일터는 괜찮습니까?

1. 당신의 책상은 잘 정리돼 있습니까? 예 ☐ (1) 아니오 ☐ (0)
2. 당신은 등이 출입문 쪽을 향하게 해서 앉아 있습니까? 예 ☐ (0) 아니오 ☐ (1)
3. 당신은 등이 벽 쪽을 향하게 해서 앉아 있습니까? 예 ☐ (1) 아니오 ☐ (0)
4. 당신은 시선이 자유롭게 업무 공간이나 창밖을 볼 수 있는 자리에 앉아 있습니까? 예 ☐ (1) 아니오 ☐ (0)
5. 당신은 출입문과 창문 사이에 앉아 있습니까? 예 ☐ (0) 아니오 ☐ (1)
6. 당신의 자리는 경사가 있는 지붕 아래쪽에 있습니까? 예 ☐ (0) 아니오 ☐ (1)
7. 당신의 사무실에 식물이 있습니까? 예 ☐ (1) 아니오 ☐ (0)
8. 당신의 주변에 케이블이 많습니까? 예 ☐ (0) 아니오 ☐ (1)
9. 당신의 컴퓨터와 메일함은 잘 정리돼 있습니까? 예 ☐ (1) 아니오 ☐ (0)
10. 당신이 일하는 건물은 주변 건물과 조화를 이루고 있습니까? 예 ☐ (1) 아니오 ☐ (0)

**점수를 더하세요(체크한 대답의 옆에 나와 있는 숫자).**

**8점 초과** = 당신의 일터는 조화를 이루고 있습니다. 적어도 풍수 기준에 따르면 그렇습니다.

**4~8점** = 손볼 여지가 있습니다. 한번 생각해보세요. 부조화로 인해 당신의 생활에서 뭔가 느껴지는 것이 없나요?

**4점 미만** = 당신의 일터에선 살기가 느껴집니다. 이런 환경에서는 당신이 지치고 또 우울감이 드는 것도 전혀 이상할 게 없습니다. 풍수에 따른 첫 번째 대책을 취하세요. 정리 정돈을 하는 겁니다!

No 직업 테스트 41

# 나의 직업이 내게 맞는가?

주제 당신이 잘 알고 있다고 생각하는 사람들 혹은 그저 피상적으로만 알고 지내는 관계에 있는 사람들에 대해서 당신이 정말로 알고 있는 것은 무엇입니까? 아마 당신은 그 사람들의 직업을 댈 것입니다.

"요즘 어떻게 지내셨습니까?" 이외에 우리가 다른 사람들에게 가장 많이 묻는 질문 중의 하나는 "직업이 뭡니까?"일 것입니다. 그것은 우리가 일에 대해서 일종의 강박관념을 갖고 있기 때문입니다. 우리는 직업을 정하려고 하고 또 그것에서 성공하려고 합니다. 바로 여기에서 다음과 같은 질문이 생깁니다. 우리가 매일같이 하고 있는 그것이 정말로 우리가 잘할 수 있는 것과 부합합니까?

TEST 이제부터 나오는 테스트는 뤼디거 호십Rüdiger Hossiep과 미하엘 파셴Michael Paschen의 '직업과 연관한 성격 설명에 관한 보쿰 척도BIP'에 근거한 것입니다. 이 테스트는 자가 판단을 토대로 해 다음과 같은 열네 가지 기본 성격을 조사합니다. 업무 태도(성실성, 유연성, 행위 지향성), 직업적 방향 설정(성과에 대한 동기 부여, 참여에 대한 동기 부여, 리더십에 대한 동기 부여), 사회적 역량(감수성, 교류 능력, 사회성, 팀 지향성, 관철 능력) 그리고 정신적 체질(감정적 안정성, 자의식)이 바로 그것입니다.

**평가** 직업과 관련된 테스트는 당신뿐 아니라 당신의 일도 테스트 대상이 될 수 있다는 특징이 있습니다. 흥미로운 것은 그에 따른 매칭입니다. 즉 직업과 관련해서 당신이 보이고 있는 성격이 실제로 그 일에서 특수하게 요구하고 있는 특성과 일치하는지에 대한 것입니다.

**알아두면 좋습니다**

이 작은 테스트를 시작하기에 앞서, 사람들의 임종을 함께하는 호스피스 간호사 브로니 웨어Bronnie Ware가 경험했던 것을 한번 잘 생각해보는 것이 좋습니다. 그녀는 죽어가는 사람들에게 이렇게 물은 적이 있습니다. "무엇이 후회되세요?" 그녀가 가장 많이 들은 대답 두 가지는 "나 자신의 삶을 살아갈 용기를 가졌더라면 좋았을 겁니다."와 "내가 그렇게 열심히 일하지 않았더라면 좋았을 겁니다."라는 것입니다.

당신 자신에 대해 1점(전혀 아니다)에서
10점(완벽하게 일치한다)으로 평가해보세요.

그런 다음 당신의 상사에게도 당신의 현재 일이 아래에 제시된
요구 사항을 얼마만큼 필요로 하는지 판단해달라고 부탁하세요.

✏ 당신 ✍ 상사

1. 직업적 방향 설정

✏ 당신은 목표를 위해 적극적으로 노력하고 있으며, 계속해서 자신을 향상시키고 당신의 업무 성과를 증대시킬 준비가 돼 있다.
✍ 이 일을 수행하는 데에는 성과에 대한 높은 동기 부여가 요구된다.

☐ ✏ ☐ ✍ ☐ 차이

✏ 프로세스와 제품, 그리고 회사에 당신도 영향력을 행사하길 원한다.
✍ 이 일을 수행하는 데에는 참여에 대한 높은 동기 부여가 요구된다.

☐ ✏ ☐ ✍ ☐ 차이

✏ 당신은 직원들을 이끌어나가고 경영 책임을 넘겨받기를 원한다.
✍ 이 일을 수행하는 데에는 리더십에 대한 높은 동기 부여가 요구된다.

☐ ✏ ☐ ✍ ☐ 차이

2. 업무 태도

✏ 당신은 완벽주의의 경향이 있으며 극도로 신중하다.
✍ 이 일을 수행하는 데에는 많은 성실성이 요구된다.

✏ ⇨ 차이

✏ 당신은 불명확한 출발 상황에 대해 위협적으로 느끼지 않고 오히려 동기를 부여받는다.
⇨ 이 일을 수행하는 데에는 뛰어난 유연성이 요구된다.

✏ ⇨ 차이

✏ 당신은 결정 사항을 곧바로 이행한다.
⇨ 이 일을 수행하는 데에는 각별한 행위 지향성이 요구된다.

✏ ⇨ 차이

## 3. 사회적 역량

✏ 당신은 다른 사람들의 기분을 감지하고 그것을 제대로 해석해낸다.
⇨ 이 일을 수행하는 데에는 높은 감수성이 요구된다.

✏ ⇨ 차이

✏ 당신은 다른 사람들에게 잘 다가가고 많은 사람과 긴밀하면서도 편안한 관계를 맺고 있다.
⇨ 이 일을 수행하는 데에는 뛰어난 교류 능력이 요구된다.

✏ ⇨ 차이

✏ 당신은 사려 깊고 조화를 중요하게 생각한다.
⇨ 이 일을 수행하는 데에는 많은 화합 능력이 요구된다.

✏ ⇨ 차이

✏ 당신은 팀을 이뤄 일하는 것을 좋아하고 단체 결정을 선호한다.
✒ 이 일을 수행하는 데에는 탁월한 팀 지향성이 요구된다.

☐ ✏ ☐ ✒ ☐ 차이

✏ 당신은 당신의 관점을 힘 있게 주장하면서 언제나 주도권을 쥐고 있다.
✒ 이 일을 수행하는 데에는 높은 관철 능력이 요구된다.

☐ ✏ ☐ ✒ ☐ 차이

4. 정신적 체질

✏ 당신은 매우 균형 잡혀 있고 실패를 쉽게 떨쳐낸다.
✒ 이 일을 수행하는 데에는 많은 감정적 안정성이 요구된다.

☐ ✏ ☐ ✒ ☐ 차이

✏ 당신은 스트레스에 대해 저항력이 있다.
✒ 이 일을 수행하는 데에는 뛰어난 부하 내성이 요구된다.

☐ ✏ ☐ ✒ ☐ 차이

✏ 당신은 남들에게 어떤 인상을 남길지에 대해 개의치 않으며, 자신에 대해 확신을 가지고 있다.
✒ 이 일을 수행하는 데에는 많은 자의식이 요구된다.

☐ ✏ ☐ ✒ ☐ 차이

1. 각 질문에 대해 자가 판단과 일에 대한 요구 사항 사이의 점수 차이를 기록하세요.

2. 이 차이를 모두 더한 다음, 14로 나누세요.

당신의 결과:

1 이하 = 최고의 일치성을 보입니다. 다음과 같이 자문해보세요. 나는 이 테스트에 대한 대답을 올바르게 작성했나?

1.1~2.5 = 당신의 직업은 직업과 연관된 기질 특성과 매우 훌륭하게 일치합니다. 아마 당신은 당신의 직업에 만족하고 있을 것이고 당신의 상사도 마찬가지일 겁니다.

2.6~4 = 당신의 직업은 직업과 연관된 기질 특성과 대체로 일치합니다. 다음 사항을 조사해보세요. 차이가 큰 부분이 여러 개 있었는가? 그 이유는?

4.1~6 = 당신의 특성은 일이 요구하고 있는 것과 거의 일치하지 않습니다. 다음과 같이 자문해보세요. 나는 어떤 이유 때문에 이 일을 택했나?

6 초과 = 당신의 직업(혹은 직업적 상황)을 바꾸세요.

## N° 스트레스 테스트 42

# 나의 일과 생활은 균형을 이루는가?

주제 교과서처럼 돼버린 질문 "너, 무슨 일해?"는 또 다른 질문을 제기합니다. "너, 얼마나 많이 일해?"가 바로 그것입니다. 서유럽에서는 전일제로 일하는 사람들이 점점 줄고 있습니다. 이는 업무에 따른 스트레스가 증가('번아웃'에까지 이르기도 합니다.)하는 것에 대한 자연스러운 반응이라고 업무심리학자들은 말하고 있습니다. 또한 편부나 편모가 증가하고 남녀의 역할 분담에 대한 기존의 고정관념에서 벗어나 여성 해방이 점점 확산되고 있으며, 또 사회복지 시스템이 부족한 것에 대한 반응이라고도 할 수 있습니다. 어떤 사람들은 전일제 근무를 싫어하기도 하지만, 또 어떤 사람들은 자녀나 아픈 가족, 나이 든 부모를 보살펴야 하기 때문에 그렇게 일할 수가 없는 경우도 있습니다. 특히 중산층의 젊은 가정에서는 집안일과 경제활동을 똑같이 분담하려고 하는 현상이 관찰되고 있습니다.

일과 생활의 균형Work Life Balance이라는 아이디어는 19세기 중반 아동 노동이 제한되기 시작하면서 처음 등장했습니다. 그리고 여성 운동과 더불어 그 개념이 더욱 확산되기에 이르렀습니다.

TEST 중요한 질문 두 가지가 있습니다. 스트레스 정도를 어떻게 측정할 수 있을까요? 그리고 직장 생활과 사생활의 조화는 또 어떻게 측정할까요? 소진 우울증을 측정하는 표준으로 '말라크 소진 측정 도구MBI; Maslach Burnout Inventory'가 이미 자리를 잡았습니다. 반면 일과 생활의 균형을 평가하는 것은 이보다 더 어려운데, 이것은 조사 대상이 계속 변화하고 있기 때문입니다. 20년 전만 해도 일과 생활의 균형은 업무와 여가 사이의 균형, 긴장과 이완 사이의 균형을 뜻함으로써 결국에는 사생활을 통해 직장 생활을 위한 배터리를 충전하는 능력으로 여겨졌습니다. 오늘날 일과 생활의 균형은 버뮤다 삼각지대와 같은 현대의 책임 분야, 즉 직장 업무와 집안 살림 그리고 사생활이라는 세 가지 분야를 동시 지향하는 것을 뜻합니다. 이에 따라 완전히 새로운 질문들이 다루어지고 있습니다. 내가 커리어 기회를 망치고 있는가? 내 고용 능력은 어떠한가, 즉 어떤 고용주가 나의 조건들을 수용할 것인가? 나는 무엇 때문에 '아니오.'라고 말하는가? 그리고 마지막으로, 살림은 누가 담당할 것인가?

알아두면 좋습니다

시간제 근무에는 규율과 유연성이 요구됩니다. 무엇보다 머릿속의 재배치가 필요합니다.

최근 6개월을 떠올리면서 아래 질문들에 대답해보세요.

1. 업무에 지쳐 가족이나 친구들과 어울리는 데 정서적으로 힘든 적이 있습니까? 예 ☐ 아니오 ☐

2. 사적인 근심으로 인해 당신의 업무 능력이 방해받습니까? 예 ☐ 아니오 ☐

3. 당신의 커리어에 도움이 될 만한 업무에 시간을 투자하는 데 있어 사생활이 이를 방해한다는 생각이 듭니까? 예 ☐ 아니오 ☐

4. 만약 함께 사는 사람이 있다면 살림을 불공평하게 떠안고 있다는 생각이 듭니까? 예 ☐ 아니오 ☐

5. 직원들과 교류하는 것이 힘들다고 생각하며 업무를 하면서 그들과 사적으로 연락하는 것을 피합니까? 예 ☐ 아니오 ☐

6. 이메일이나 다른 방해거리로 인해 쉽게 주의가 흐트러지고 다시 업무에 집중하기가 힘듭니까? 예 ☐ 아니오 ☐

7. 아침에 일어나면 지친 듯이 느껴집니까? 예 ☐ 아니오 ☐

8. 일하러 가는 것이 자기와의 싸움처럼 느껴지다가도 일단 업무 일상에서는 일에 집중합니까? 예 ☐ 아니오 ☐

9. 사무실에 나오는 것이 집안일에서 벗어나는 휴식처럼 느껴집니까? 예 ☐ 아니오 ☐

10. 일이 끝나고 나면 안절부절못합니까? 당신이 온라인에 있으면 이런 기분이 좀 진정됩니까? 예 ☐ 아니오 ☐

**이 테스트는 진단용 검사가 아닙니다. 그러나 위 질문에서 3개 이상 '예'라고 대답했다면, 전문가의 상담을 받는 것이 좋습니다.**

N° | IQ 테스트 | 43

# 나의 지능은 얼마인가?

주제 프랑스의 심리학자 알프레드 비네Alfred Binet와 테오도르 시몽Théodore Simon이 1905년 최초의 지능 검사법을 개발한 이후 지능 이론들은 다양한 지능 분야로 확대됐습니다. 지능은 성장할 수 있는 **결정형** 지능 그리고 대부분 선천적으로 타고 나서 감소하지 않는 **유동형** 지능으로 구분됩니다. 전자에는 어휘, 상식, 연산 능력, 학습 및 사고 전략 등이 포함되며, 후자에는 신속한 사고력이나 학습력, 이해력 등이 포함됩니다. 대략 30세 정도부터는 사고 능력이 약간 둔화되기 시작하지만 이는 경험으로 상쇄됩니다.

TEST 이 세상에 우리가 생각하는 바로 **그** 지능 테스트라는 건 존재하지 않습니다. 많고 많은 검사가 있지만, 지능의 모든 분야를 아우르는 검사는 없습니다. 오늘날 우리가 지능지수IQ라고 부르는 것은 지난 1950년대 미국의 심리학자 데이비드 웩슬러David Wechsler가 개발한 지능 평가 계산 규칙을 말합니다. 웩슬러 IQ 검사에서는 모든 인간을 단순한 패턴에 넣어 분류합니다. 즉 IQ는 100이 평균이고 인간의 절반은 평균 이상이라는 것입니다. 천부의 재능이 있다고 판단하는 기준은 130으로서 2% 조금 넘는 사람이 여기에 해당합니다. 마찬가지로 IQ가 70 이하인 사람도 2% 정도 되는데, IQ 70은 '지적 장애'가 있다고 진단하는 주요 기준이기도 합니다.

자, 당신은 천부적 재능이 있습니까, 아니면 지적 장애가 있습니까? 순수하게 이론적으로만 보면 당신은 둘 모두 동시에 해당될 수도 있습니다! '웩슬러 IQ'는 비교 집단에 비해 당신의 성과를 나타냅니다. 그러니까 만약 아인슈타인 1,000명과 당신을 비교한다면, 당신의 IQ는 70 이하로 떨어질 수 있습니다. 반대로 열 살짜리 어린이 1,000명과 비교하게 되면, 당신은 아마도 고지능자의 모임인 멘사에 회원으로 초대될 것입니다. 훌륭한 지능 검사에는 많은 표준 집단이 있어서, 제기된 질문에 따라서 당신을 동년배나 아니면 유사한 학력 집단 혹은 대표적인 국민 표본과 비교할 수가 있습니다.
IQ가 높으면 직업적 성공 가능성도 높다는 상관관계는 모든 IQ 범위에 대해서 적용되지는 않습니다. 고지능자의 상당수는 주변 사람들로부터 밀려나거나 배척당함으로써 직업적 커리어를 쌓는 데 문제를 겪곤 합니다.

**평가** 흥미로운 것은, IQ가 평생 변하지 않는다는 사실입니다. 예닐곱 살에 처음 IQ를 측정했을 때와 나중에 나이가 더 들어서 측정했을 때, 차이는 약 ±10점밖에 되지 않습니다. 그리고 각 개인이 받은 교육이나 훈련의 종류도 별 영향을 미치지 않습니다. 이는 아마도 매우 놀랍게 느껴질 것입니다. 그렇습니다. 학교교육은 실질적으로 IQ에 아무런 영향도 주지 않습니다. 아이들이 여섯 살에 교육을 받기 시작할 때, 지능의 기본은 이미 깔려 있는 것입니다. 따라서 교육제도는 그저 기존의 잠재력을 펼칠 수 있도록 해주거나 그렇게 하지 못하도록 할 뿐입니다(→ 학습 유형 테스트 p. 160). 우리가 이 테스트를 연습할 수는 있지만 본래보다 '더 똑똑해지는 것'은 아닙니다. 그러니까 당신이 더 나아지는 것이 아니라, 당신의 결과가 더 정확해지는 것일 뿐입니다.

• 플린FLYNN 효과

표준 IQ 테스트는 부단히 변화하지만, 그 구성과 평가 측면에서는 언제나 평균값이 100이 나오도록 돼 있습니다. 이런 '재교정'이 없었더라면, 아마 IQ 결과는 20세기가 흐르는 동안 점점 더 좋아졌을 것입니다. 그래서 지금의 청소년들은 IQ 테스트에서 50년 전의 청소년들보다 평균 20점은 더 높게 나올 것입니다. 1984년 뉴질랜드의 정치사회학자인 제임스 플린James Flynn이 처음으로 발견해낸 이 '플린 효과'는 우리 세대가 조부모들 세대보다 더 똑똑하다고 말하는 것은 아닙니다. 플린 효과라는 이 현상이 관찰되는 데는 다음과 같은 두 가지 요인이 커다란 역할을 하고 있습니다. 첫째, 객관식 문제라는 형태가 오늘날 예전보다 더 친숙해졌으며, 그에 따라서 정답률도 높아지고 있습니다. 둘째, IQ 테스트에서 검사하는 인식 능력들이 과거의 산업사회에서보다 오늘날의 지식사회에서 더 많이 필요해졌으며, 그로 인해 이 테스트가 옛날보다 덜 낯설게 된 것입니다.

알아두면 좋습니다

IQ 테스트들은 각 테스트에서 말하는 '그 지능'을 테스트하는 것이 아닙니다. 어쩌면 한스 마그누스 엔첸스베르거Hans Magnus Enzensberger가 추측한 것이 맞을 수도 있습니다. "우리는 지능이 무엇인지를 알기에는 충분히 지능적이지 못하다."

## 1. 언어적 추론

1. 어느 그릇에 밀가루가 가장 많이 있을까요?
   그릇 1에는 그릇 4보다 밀가루가 더 많이 있습니다. 그릇 3에는 그릇 2보다 밀가루가 더 조금 있지만, 그릇 1보다는 더 많습니다.
2. 누가 가장 클까요?
   린다는 세바스티안보다 키가 작지 않습니다. 타마라는 도메니코보다 키가 더 큽니다. 세바스티안이 키가 가장 작지 않다면, 자비네가 키가 가장 작을 것입니다. 도메니코와 린다는 키가 똑같습니다.
3. 누가 가장 크게 소리를 지를까요?
   토니는 하인츠보다 소리가 더 작습니다. 헬무트는 파울보다 소리가 더 큽니다. 파울은 하인츠보다 소리가 더 큽니다. 헬무트는 토니보다 소리가 더 큽니다.

## 2. 유추

예: 꽃 : 초원 = 나무 : ?
숲 목재 자연 뿌리
(정답: 숲)

1. 목재 : 종이 = ? : 빵
   ☐ 곡물 ☐ 호밀
2. 단어 : 알파벳 = 담 : ?
   ☐ 집 ☐ 벽 ☐ 돌 ☐ 울타리
3. 문 : 경보장치 = 창고 : ?
   ☐ 노랑 ☐ 선반 ☐ 회색 ☐ 빈 상자

## 3. 수열

논리상 이다음에는 어떤 숫자가 올까요?

예: 4, 8, 12, 16, 20, ?    정답: 24 (+4, +4, +4, ……)

A 4, 7, 13, 16, 22, ☐    B 5, 6, 4, 6, 3, 6, ☐    C 20, 15, 45, 41, 123, ☐

정답:
**언어적 추론:** 1. 그릇 2 | 2. 타마라 | 3. 헬무트 유추: 1. 곡물 | 2. 돌 | 3. 선반 수열: A: 25 (+3, +6, +3, +6, ……) | B: 2 (+1, −2, +2, −3, +3, ……) | C: 120 (−5, ×3, −4, ×3, −3, ……)

## 4. 줄 이어가기

논리상 위쪽 줄의 다음 그림으로 어떤 것이 올까요?
두 번째 줄에 있는 그림 중에서 골라보세요.

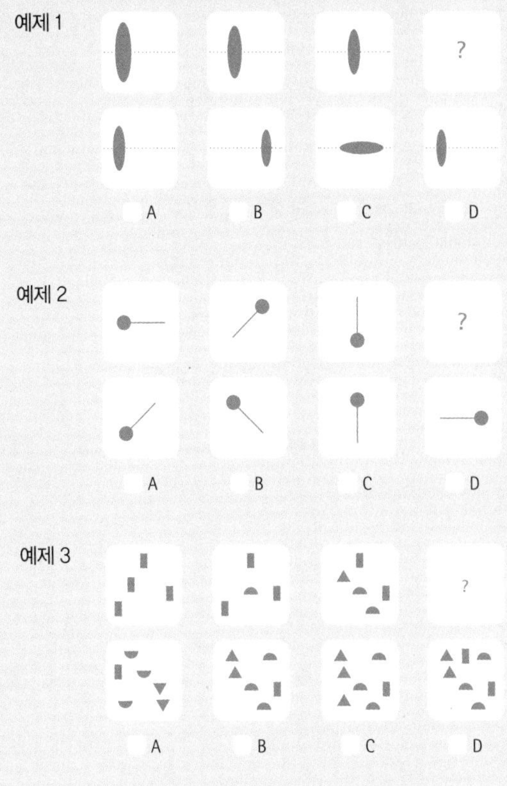

정답:
**1. B**(그림 속 타원형은 왼쪽에서 오른쪽으로 이동하고 있으며, 그러면서 점점 더 작아지고 있습니다.) **2. B**(막대기가 매번 135도씩 시계 방향으로 회전하고 있습니다.) **3. B**(그림마다 직사각형이 하나씩 사라지고 있습니다. 그리고 반원이, 그다음에는 삼각형도 추가되고 있습니다. 그러면서 각 모양들은 동일한 위치에 머물러 있습니다.)

## 5. 입체적 상상력

다음 네 개의 주사위 중에서 왼쪽의 모형과 일치하는 것은 어느 것입니까?

예제 1

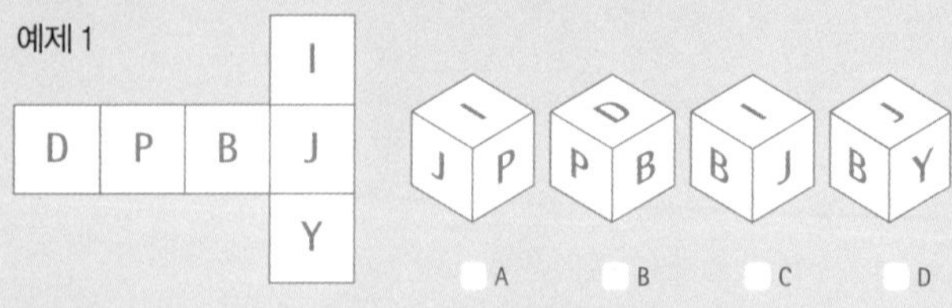


예제 2

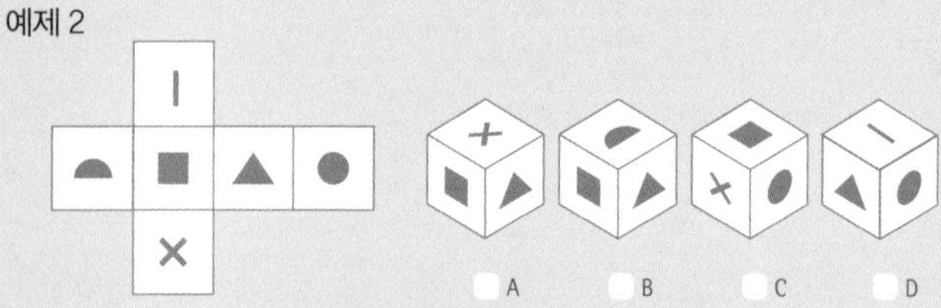

예제 3

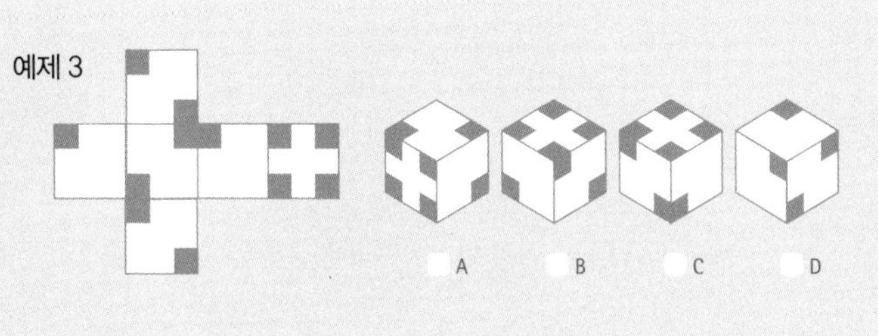


정답:

**1. C 2. D 3. B**

## 6. 좌표 테스트

좌표의 빈 칸에는 아래에 제시된 기호 중 어느 것이 올까요?

**좌표는 수직으로, 수평으로, 대각선으로,**
**혹은 이것들의 조합 방식으로 관찰 가능합니다.**

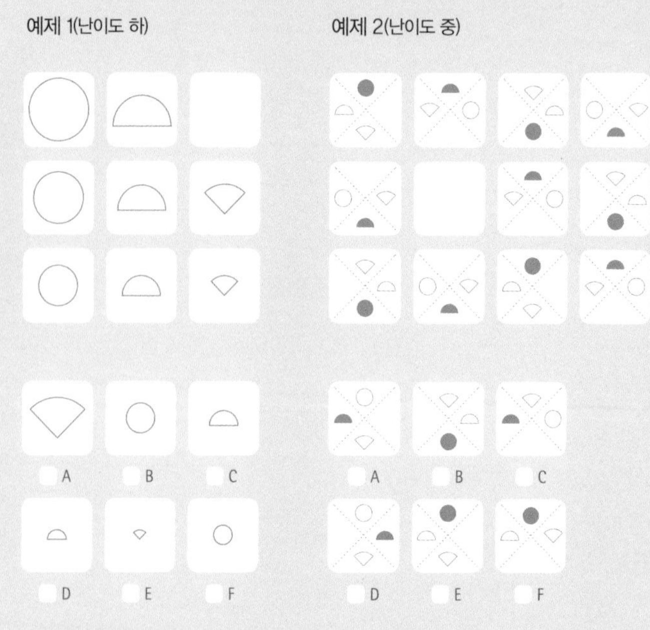


**예제 1 정답:** A. 세로 줄에서 논리적인 규칙을 찾아낼 수 있습니다. 각 줄마다 똑같은 도형이 있고 이 도형은 아래로 내려올수록 점점 작아집니다.

**예제 2 정답:** E. 첫 번째 논리적인 규칙은 한 네모 칸에 있는 각 도형의 회전에 있습니다. 네모 칸이 바뀔 때마다 각 도형이 시계 방향으로 회전합니다. 수직선상에서는 왼쪽에서 오른쪽으로, 수평선상에서는 아래에서 위로 회전합니다. 또한 원과 반원이 교대로 채워졌다가 채워지지 않기를 반복합니다. 두 번째 논리적인 규칙은 왼쪽에서 오른쪽으로 대각선상의 도형이 언제나 동일하다는 것입니다.

## 7. 기억력

### – 단어 배열 –

다음 네 카테고리에 나와 있는 단어군을 잘 기억해두세요.

⏱2분.

그런 다음, 뒤에 나오는 질문들에 대답하세요.

1. 정치인:
   오바마, 아이젠하워, 처칠, 부시, 닉슨

2. 음악 장르:
   전자음악, 재즈, 라틴, 맘보, 룸바

3. 웹사이트:
   페이스북, 구글, 두들, 바인, 핀터레스트

4. 채소:
   토마토, 생강, 당근, 샐러드, 아티초크

## – 텍스트 기억 –

다음 텍스트를 잘 기억해두세요.

⏱ 2분

그런 다음 뒤에 나오는 질문들에 대답하세요.

어느 휴일 저녁 FC 바젤이 영 보이즈 베른을 상태로 바젤에서 경기를 했다. 바젤 팀은 녹색 유니폼을, 베른 팀은 파란색 유니폼을 입었다. 경기 시작 15분 만에 베른 팀은 놀랍게도 프리킥으로 1점을 내며 경기를 리드했다. 이제 바젤 팀이 미친 듯이 운동장을 뛰어다닐 것이라고 예상했던 사람들은 크게 실망했다. 후반전이 시작되자 바젤 팀은 새로운 미드필더를 투입했다. 28세의 미하엘 한젠 선수였다. 그러나 베른 팀은 원거리 슛으로 한 골을 더 기록하며 0대 2로 오히려 격차를 더 벌였다. 바젤 팀에 한 골을 만회할 득점 기회가 잠깐 있었다. 백패스 실수를 놓치지 않고 미하엘 한젠 선수가 기다렸다는 듯이 슈팅을 했지만, 베른 팀 26세의 골키퍼가 이것을 막아냈다. 1분 후 미하엘 한젠 선수에게 다시 골대 앞에서 슈팅할 기회가 주어졌지만, 오프사이드였다.

## – 단어 배열에 대한 질문 –

먼저, 아래 나열된 숫자에서 6의 개수를 모두 헤아리세요.

45622356887452285596663996965478812345645611122699699

이제 다음에 나오는 네 가지 질문에 대답하세요.
(앞을 다시 보지 마세요!)

1. '두'로 시작하는 단어는 어느 카테고리에 속해 있습니까?

정치인 음악 장르 웹사이트 채소

2. '처'로 시작하는 단어는 어느 카테고리에 속해 있습니까?

정치인 음악 장르 웹사이트 채소

3. '토'로 시작하는 단어는 어느 카테고리에 속해 있습니까?

정치인 음악 장르 웹사이트 채소

4. '당'으로 시작하는 단어는 어느 카테고리에 속해 있습니까?

정치인 음악 장르 웹사이트 채소

---

**- 텍스트 기억에 대한 질문 -**

1. 베른 팀은 무슨 색의 유니폼을 입었습니까?

녹색 빨간색 파란색 노란색

2. FC 바젤의 그 미드필더는 몇 살입니까?

26세 27세 28세 22세

3. 후반전에 바젤 팀은 몇 번의 득점 기회가 있었습니까?

3번 2번 없었다 4번

4. 베른 팀은 두 번째 골을 어떻게 기록했습니까?

- [ ] 헤딩 슛
- [ ] 원거리 슛
- [ ] 프리킥
- [ ] 자책골

정답:
**단어 배열:** 1. 웹사이트(두들) 2. 정치인(처칠) 3. 채소(토마토) 4. 채소(당근)
**6의 개수:** 11개
**텍스트 기억:** 1. 파란색 2. 28세 3. 2번 4. 원거리 슛

## 8. 기술적 및 역학적 이해력

돌 1개를 동일한 힘으로 다음과 같이 여러 각도로 던지려고 합니다. 어느 각도로 던질 때 돌이 가장 먼저 바닥에 닿을까요?

예제 1

모두 똑같다

- [ ] A
- [ ] B
- [ ] C
- [ ] D

1.8㎏의 중량을 들어 올리려면 상자는 얼마나 무거워야 할까요?

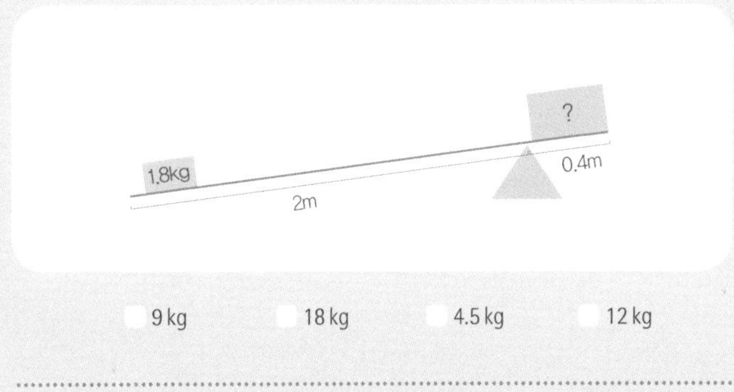


9 kg　18 kg　4.5 kg　12 kg

정답:
C, 9㎏

# T E S T

라이프
스타일
& 사회

BOOK

N° 누락의 공포 테스트 44

# 나는 소셜 미디어에 중독됐는가?

주제 우리는 소셜 미디어에 자신의 가장 좋은 면만 보여줍니다. 그리고 다른 사람들의 가장 좋은 면만 보고 있습니다. 우리는 완벽하게 차려진 음식 사진들과, 완벽한 휴가 장면들, 완벽한 파티 모습, 완벽한 자녀들의 모습을 포스팅합니다.

그래서 우리의 온라인 자화상은 오프라인 자화상과 거리가 있습니다. 우리 그대로의 모습과 우리가 네트워크에 제시하는 모습 사이에는 대서양 증기선이 오갈 정도입니다. 문제는 심리학적 관점에서, 행복해 보이는 다른 사람의 모습으로 인해 우리 자신의 행복에 대해 회의감이 든다는 데에 있습니다. 마우스를 클릭할 때마다 우리는 '친구들'이 파티를 하고 있는 모습을 봅니다. 그런데 우리는 집에 쪼그리고 있습니다. '친구들'은 주변 사람들과의 관계에서도 행복해하고 일에서도 성공하고 있습니다. 그런데 우리는 그렇지가 않습니다.

TEST 앤드류 프르지빌스키Andrew Przybylski 박사의 주도로 영국 에식스 대학교 심리학자들은 이런 현상을 이해하기 위한 질문지를 개발해냈습니다. 그리고 이에 대해 '누락의 공포FoMO,Fear of Missing Out'라고 명명했습니다. 즉 '무언가를 놓치는 것에 대한 두려움'을 뜻하는 것입니다.

**평가** 35세 이하 사람들의 40%는 FoMO를 겪고 있습니다. 여성들보다는 남성들이, 성인보다는 청소년들이 더 많이 여기에 해당됩니다. 당신에게 만약 청소년기의 자녀가 있다면, 그 아이에게서 스마트폰을 빼앗아 보십시오. 몇 시간도 지나지 않아, 이 현상을 체험하게 될 가능성이 매우 높습니다. 우리 자신도 이런 현상을 잘 알고 있습니다. 외롭다거나, 지루하다거나 혹은 스트레스를 받고 있다고 느낄 때 우리는 페이스북을 살펴보곤 합니다. 그러나 이렇게 하면 우리가 뭔가를 놓쳤다는 느낌만 더욱 강해질 뿐입니다. 그야말로 악순환입니다.

심리학자들은 24시간 동안 앱을 60번 이상 열어본다면 소셜 미디어에 중독된 것이라고 보고 있습니다. 또 기상 직후와 잠자리에 들기 직전에 스마트폰을 체크하는 것도 강박증의 한 현상입니다.

알아두면 좋습니다

**:: 21세기형 교육 방법**

"와이파이 비밀번호 알고 싶니? 그럼 네 방부터 치우렴!"

## 약식 FoMO 테스트

1. 나는 대부분 잠들기 직전과 잠에서 깬 직후에 스마트폰을 확인한다. 예 ☐ 아니오 ☐
2. 나는 다른 사람들이 나보다 더 재미있고 아름다운 삶을 살아가고 있다는 기분이 든다. 예 ☐ 아니오 ☐
3. 나는 휴가 중에도 이메일을 확인하지만, 내가 휴가 중에 이메일을 확인한다는 것을 다른 사람들이 알지 못하도록 답장을 쓰지 않는다. 예 ☐ 아니오 ☐
4. 나는 내 앞으로 온 소식들(이메일, 메신저, 페이스북 등)을 1시간에 4번 이상 확인한다. 예 ☐ 아니오 ☐
5. 일행이 식당에서 화장실에 간 사이에 나는 잠깐 스마트폰을 확인한다. 예 ☐ 아니오 ☐
6. 다른 사람들이 체험한 것을 보거나 들을 때면 난 종종 뭔가를 놓쳤다는 기분이 들곤 한다. 예 ☐ 아니오 ☐
7. 재미가 있다거나 특별한 경험을 한 경우엔 이것을 포스팅하는 것이 내게 중요하다. 예 ☐ 아니오 ☐

8. 나는 휴가 중이어도 내 친구들이 무엇을 하는지 살펴본다. 예 ☐ 아니오 ☐

**당신은 '예'에 몇 번이나 체크했습니까?**

0~3번 = 당신은 녹색(안전) 상태입니다.
4~5번 = 당신은 황색(주의) 상태입니다.
6~8번 = 당신은 적색(경보) 상태입니다.

앤드류 프르지빌스키 박사의 FoMO 테스트는
ratemyfomo.com에서 해볼 수 있습니다.

N° 정치성 테스트 45

# 나의 정치 성향은 어떠한가?

주제 오랫동안 우리는 이 문제에 대답하기 위한 별도의 테스트를 필요로 하지 않았습니다. 우리가 정치적으로 어디쯤 서 있는지는 각자가 이미 알고 있습니다. 좌파인지 아니면 우파인지. 이런 '파'라는 개념의 역사적 기원은 1789년 혁명주의자들은 왼쪽에, 왕당파는 오른쪽에 앉도록 한 프랑스 국민의회의 의석 규정으로 거슬러 올라갑니다. 좌파와 우파라는 두 단어의 조합은 이후 우리의 정치적 이해를 각인시켜 왔으며, 그에 대해서 우리가 표현하는 방법까지도 낳았습니다. 동구권이 무너졌을 때 《이코노미스트Economist》는 표제에서 "좌파는 무엇인가What's left?"라고 물었습니다. 그리고 정치평론가 찰스 무어Charles Moore는 세월의 흐름과 함께 점차 온유해지면서 2011년 한 칼럼에서 지극히 보수적이었던 30년간의 확신에 의구심을 품으며 "어쩌면 좌파가 옳은 것인가?"라고 물음을 던졌고 이는 이후 여러 곳에서 수차례 인용되기도 했습니다. 그러나 정당들은 갈수록 변덕스러워지고 협상하는 문제들은 갈수록 복잡해지는 역동적이고 다극적인 정치판에서, 이런 과거의 양분 방식은 점점 의미를 잃어가고 있습니다.

TEST 테스트를 통해 지향점을 제시해주는 일련의 정치적 진단 도구들이 있습니다. 그중 유명한 것이 바로 정치 성향 테스트Political Compass™입니다. 이 테스트는 2001년부터 질문지를 이용해 유권자의 정치적 성향을 판단하는 데에 활용되고 있습니다(politicalcompass.org). 플로렌스에 있는 유럽대학연구소는 2014년 유럽연합 선거를 위해 '투표 조언 애플리케이션Voting Advice Application'을 개발했습니다. 여기에서 나온 결과는 정당들의 포지셔닝과 비교됨으로써 투표를 도와줍니다. 이 책에는 일부만 발췌해놓았는데 테스트 전체 내용은 enandi.eu에서 살펴볼 수 있습니다.

**평가** 고전적인 좌파/우파 축은 경제적인 성향을 보여줍니다. 경제를 조종하거나 심지어 통제하는 강력한 국가를 선호하는가(좌파)? 아니면 시장이 지배해야 한다고 생각하는가(우파)? 이와 함께, 사회적 공존에 대한 성향도 제시됩니다. 극단적인 경우에 무정부주의로까지 치닫게 되는, 극대화된 개인의 자유를 원하는가(자유파)? 아니면 파시즘이라는 극단적인 형태로 치달을 수도 있는, 보수 전통적인 질서를 원하는가(권위주의파)?

알아두면 좋습니다

심장은 좌측에서 뛴다.

당신의 생각에 해당하는 것에 체크하세요.

1. 세금을 좀 더 많이 내야 하더라도 사회복지 급부(실업보조금, 생계보조금)는 유지돼야 한다.

   그렇다 ☐ (0) 그런 편이다 ☐ (2.5) 아닌 편이다 ☐ (7.5) 아니다 ☐ (10)

2. 외국인들은 사회복지 서비스를 받으려면 더 많은 세금을 내야 한다.

   그렇다 ☐ (10) 그런 편이다 ☐ (7.5) 아닌 편이다 ☐ (2.5) 아니다 ☐ (0)

3. 정부 차관을 줄이기 위해서는 연금을 삭감해야 한다.

   그렇다 ☐ (10) 그런 편이다 ☐ (7.5) 아닌 편이다 ☐ (2.5) 아니다 ☐ (0)

4. 세금을 인하하기 위해 정부가 지출을 줄여야 한다.

   그렇다 ☐ (10) 그런 편이다 ☐ (7.5) 아닌 편이다 ☐ (2.5) 아니다 ☐ (0)

5. 금융기관과 상장기업이 거두는 수익에 대해 더 많이 과세해야 한다.

   그렇다 ☐ (0) 그런 편이다 ☐ (2.5) 아닌 편이다 ☐ (7.5) 아니다 ☐ (10)

6. 실업률을 낮추기 위해서 근로자들의 권리를 제한해야 한다.

   그렇다 ☐ (0) 그런 편이다 ☐ (2.5) 아닌 편이다 ☐ (7.5) 아니다 ☐ (10)

7. 정부는 실업자들을 위해 보다 나은 경제적 지원책을 마련해야 한다.

   그렇다 ☐ (0) 그런 편이다 ☐ (2.5) 아닌 편이다 ☐ (7.5) 아니다 ☐ (10)

8. 경제 성장을 촉진하기 위해 정부는 예산을 좀 더 많이 지출해야 한다.

그렇다 ☐ (0) 그런 편이다 ☐ (2.5) 아닌 편이다 ☐ (7.5) 아니다 ☐ (10)

9. 환경세를 통해 대중교통 시스템을 더욱 확대해야 한다.

그렇다 ☐ (0/10) 그런 편이다 ☐ (2.5/7.5)
아닌 편이다 ☐ (7.5/2.5) 아니다 ☐ (10/0)

10. 시민들이 전력 요금을 더 많이 내더라도 국가 차원에서 재생에너지를 계속 지원해줘야 한다.

그렇다 ☐ (0/10) 그런 편이다 ☐ (2.5/7.5)
아닌 편이다 ☐ (7.5/2.5) 아니다 ☐ (10/0)

11. 좀 더 엄격하게 이민을 규제해야 한다.

그렇다 ☐ (0) 그런 편이다 ☐ (2.5) 아닌 편이다 ☐ (7.5) 아니다 ☐ (10)

12. 이민자들은 이곳의 우세한 문화와 가치를 받아들여야 한다.

그렇다 ☐ (0) 그런 편이다 ☐ (2.5) 아닌 편이다 ☐ (7.5) 아니다 ☐ (10)

13. 동성 결혼을 찬성한다.

그렇다 ☐ (10) 그런 편이다 ☐ (7.5) 아닌 편이다 ☐ (2.5) 아니다 ☐ (0)

14. 배아 줄기세포 연구는 중지돼야 한다.

그렇다 ☐ (0) 그런 편이다 ☐ (2.5) 아닌 편이다 ☐ (7.5) 아니다 ☐ (10)

15. 적극적인 안락사에 찬성한다.

그렇다 ☐ (10) 그런 편이다 ☐ (7.5) 아닌 편이다 ☐ (2.5) 아니다 ☐ (0)

16. 공공의 안전을 위해서라면 인터넷에서의 사생활 규제는 감수해야 한다.

그렇다 ☐ (0) 그런 편이다 ☐ (2.5) 아닌 편이다 ☐ (7.5) 아니다 ☐ (10)

17. 범죄자들을 더욱 강력하게 처벌해야 한다.

그렇다 ☐ (0) 그런 편이다 ☐ (2.5) 아닌 편이다 ☐ (7.5) 아니다 ☐ (10)

18. 낙태는 제한돼야 한다.

그렇다 ☐ (0) 그런 편이다 ☐ (2.5) 아닌 편이다 ☐ (7.5) 아니다 ☐ (10)

---

1. 문항 1~10번의 대답에 대한 점수들을 더하세요(9번과 10번의 경우 각각 첫 번째 숫자). 그런 다음 당신의 점수를 아래에 나와 있는 좌파–우파 축에 표시하세요.

2. 문항 9~18번의 대답에 대한 점수들을 더하세요(9번과 10번의 경우 각각 두 번째 숫자). 그런 다음 당신의 점수를 아래에 나와 있는 보수파–자유파 축에 표시하세요.

3. 좌파/우파 축에 표시한 지점을 기준으로 수직선을 그리고 보수파/자유파 축에 표시한 지점을 기준으로 수평선을 그리세요. 이 두 선의 교차점이 바로 당신의 현 정치적 성향을 보여주고 있습니다.

4. 자문해보세요. 10년 전 당신의 성향은 어땠나요?

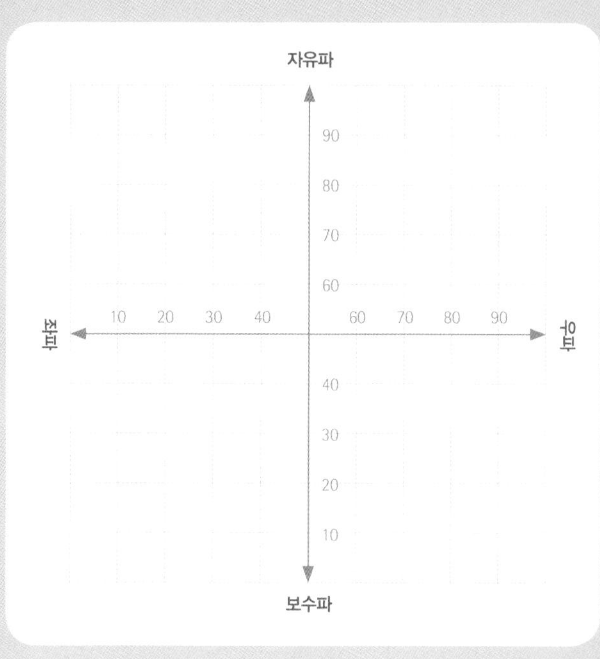


질문지(축약형) 사용 동의: European University Institute in Florence, Professor Alexander Trechsel.

No | 벡델 테스트 | 46

# 나는 얼마나 성차별적인가?

주제 문화학자들은 대중문화 소비를 통해 사회의 구조와 선호도를 엿볼 수 있다고 말하고 있습니다. 예를 들어 극장 영화의 인기를 살펴보면 그 사회가 얼마나 성차별적인지를 알 수 있습니다. 무엇보다 당신 자신이 얼마나 성차별적인지도요.

TEST 당신이 좋아하는 영화 한 편을 생각해보세요. 당신이 자주 본 영화면 됩니다. 자, 그 영화가 눈앞에 떠올랐나요? 이제 다음 세 가지 질문을 던져보세요.

1. 그 영화에서 이름이 나오는 여성이 한 명이 넘습니까?
2. 영화 속에서 여성들끼리 서로 이야기를 나눕니까?
3. 여성들이 남성들과는 다른 무언가를 이야기합니까?

평가 위 질문에 만약 세 번 다 '예'라고 대답하지 않았다면, 이 영화는 남성 중심의 작품입니다. 미국의 만화가였던 앨리슨 벡델Alison Bechdel의 이름을 따서 명명된 벡델 테스트는 세 가지 질문을 이용해 여성이 영화 속에서 독자적인 역할을 하는지 여부를 판단합니다. 그리고 그 결과를 통해 우리의 일상에 대한 귀납적 추론이 가능합니다. 즉 우리가 아직까지도 여성들이 단지 남성들의 부속물로 나오는 영화들을 더 마음에 들어 하는 것은 아닌지 알 수 있습니다. 좋아하는 영화로 bechdeltest.com에서 한번 테스트해보세요.

참고로 음악 영화와 호러 영화는 가장 여성 친화적인 장르인 반면, 서부 영화와 전쟁 영화는 각각 25%와 30%만 이 테스트에서 합격점을 받고 있습니다. 여성 등장인물은 남성보다 보통 더 젊습니다. 여성들은 주로 요리, 청소, 수다 혹은 성적 대상으로만 등장합니다. 이에 비해 남성들은 직장에서 일을 하고 있다거나 폭력 행위를 하는 역할로 등장합니다.

한편 최근 스웨덴 극장가에서는 이 테스트에 합격한 영화들을 'A' 마크로 표시하고 있는데, 이는 이 업계에서도 변화의 바람이 불고 있다는 조짐입니다. 제니퍼 시벨 뉴섬Jennifer Siebel Newsom과 레지나 K. 스컬리Regina K. Scully의 '재현 프로젝트The Representation Project'는 여기에서 한 걸음 더 나아갑니다. 이 테스트는 성별 외에도 배우들의 나이, 성적 취향, 체중, 인종까지도 조사합니다.

당신은 어떤 영화감독을 좋아합니까?

위의 표는 대니얼 마리아니의 '벡델 테스트의 시각화Visualizing the Bechdel Test'에서 발췌한 것입니다.
www.tenchocolatesundaes.blogspot.com.br

N° 차별 테스트 47

# 나는 가해자인가, 피해자인가?

주제 사람들 대다수는 자신에게 선입견이 있다는 걸 모릅니다. 이를 확인하기 위한 가장 유명한 선입견 테스트로 '암묵적 연합 검사Implicit Association Test'가 있습니다. 이 테스트는 우리의 의식적인 확신과 무의식적인 선입견 사이의 차이를 측정합니다.

TEST 먼저 당신이 가진 생각에 대해 물어봅니다. 대부분은 "난 백인과 흑인을 똑같이 좋아한다."에 체크할 것입니다. 이어서 다양한 피부색의 사람들의 사진을 보여주면서 긍정적인 형용사와 부정적인 형용사를 언급하도록 빠르게 연속으로 질문합니다. 이 테스트는 깊이 생각해서 나오는 것이 아닌, 우리의 즉흥적인 연상 속도를 측정합니다. 웹사이트 implicit.harvard.edu에서 이 테스트를 직접 해볼 수도 있습니다. 여기에는 다양한 차별 형태에 대한 테스트들이 나와 있는데, 피부색, 성별, 체중, 나이는 물론이고 독일의 '베시Wessi와 오시Ossi'(옛 서독인과 동독인을 일컫는 말), 프랑스의 '마그레브Maghrébine와 프랑세즈Française'와 같이 각 국가의 특수한 주제에 대해서도 다루고 있습니다.

평가 70%는 무의식적으로 '백인에 대한 선호' 경향을 보이고 있습니다. 다시 말해, 어두운 피부색에서 긍정적인 단어들을 연상하기까지 시간이 더 오래 걸린다는 뜻입니다. 그런데 우리는 무의식에 어떻게 영향을 주는 것일까요? 테스트를 하기 직전 마틴 루터 킹이나 농구 선수 마이클 조던과 같이 긍정적인 이미지를 내포하고 있는 어두운 피부색의 사람들의 사진을 보게 되면, 테스트를 하면서 어두운 피부색을 가진 사람들 사진에 대해서도 긍정적인 특성과 연관짓게 됩니다. 우리는 우리가 보는 대로 반응하게 돼 있습니다.

그러나 이 테스트가 묻지 않고 있는 질문이 있습니다. 누가 차별받는가 하는 것입니다. 콜롬비아대학교의 루돌포 멘도자–덴턴Rudolfo Mendoza-Denton은 '낙인화Stigmatization'라는 개념을 전면에 내세운 몇 안 되는 연구자 중 한 사람입니다. 뒤의 페이지에서 그가 연구하는 내용을 조금 맛보세요.

알아두면 좋습니다

"결국에 우리는 적들의 말이 아닌 친구들의 침묵을 기억하게 된다."

— 마틴 루터 킹 주니어

다음에 나오는 각 질문에 대해 단계 1~5로 평가해보세요.

전혀 아니다 1—2—3—4—5 매우 그렇다

1. 당신은 지금 버스에 앉아 있습니다. 두 자리만 제외하고 모든 좌석이 다 찼습니다. 비어 있는 한 자리는 당신 옆자리입니다. 그때 한 여성이 탑니다. 당신은 당신의 피부색이나 인종 때문에 이 여성이 당신 옆에 앉지 않을까봐 불안합니까?

1—2—3—4—5

2. 당신은 지금 자동차를 운전하고 있습니다. 그런데 앞에서 경찰이 불시 검문하고 있는 것을 보게 됐습니다. 당신은 당신의 피부색이나 인종 때문에 이 경찰이 당신을 검문하는 것이 불안합니까?

1—2—3—4—5

3. 당신은 지금 은행 현금인출기 앞에 줄을 서 있습니다. 당신 앞의 여성이 돈을 인출하면서 불안한 듯 주변을 살핍니다. 당신은 당신의 피부색이나 인종 때문에 이 여성이 당신을 의심할까봐 불안합니까?

**5점 이하** = 당신은 당신의 피부색이나 인종으로 인한 '낙인화'라는 기분을 모릅니다. 다음과 같이 자문해보세요. 만약 상황이 반대라면, 즉 내가 버스에 오르고 내가 경찰이 돼서 차량을 검문하고 내가 현금인출기에서 돈을 인출한다고 가정할 경우, 나는 다른 인종의 사람들에게 어떻게 반응할까?

**6점 이상** = 당신은 '낙인화'라는 기분을 잘 알고 있습니다. 다음과 같이 자문해보세요. 나는 이런 차별적인 상황을 바꿀 수 있는 전략을 가지고 있는가?

☞ 전체 질문과 그에 대한 분석은 연구소의 웹사이트 socialrelations.psych.columbia.edu에서 살펴볼 수 있습니다.

사용 동의: 콜롬비아대학교 사회관계연구소

N° | 부자 테스트 | 48

# 나는 부자인가?

주제

영원한 문제가 있습니다. '얼마부터면 부자인가?'라는 것입니다. 예를 들어 백만장자라고 하면 부자라고 쳐줍니다. 하지만 지금의 '백만'은 더 이상 과거의 그 백만이 아닙니다. 부자를 국가의 평균 소득과 비교해서 정의하는 경우도 있습니다. 유럽연합에서는 각 국가의 평균 총소득의 두 배 이상부터 부자로 정의합니다. 이런 개념을 토대로 하면 독일에서는 연 소득이 약 6만 달러 이상은 모두 부자라고 할 수 있습니다. 또 다른 해석으로는, 이자만으로 생활이 가능한 모든 사람을 부자라고 합니다. '초고액 순자산 보유자Ultra High Net Worth Individuals'는 3천만 달러 이상의 자산을 가진 사람들이며, '엄청난 부자super-rich'로 불리려면 3억 달러 이상을 가지고 있어야 합니다. 일련의 소유 항의 시위Occupy protest에서는 한동안 '1%'가 계속 언급됐습니다. 이 1%는 상위 1%를 뜻하는 것으로, 이들의 자산은 전 세계 인구의 하위 절반이 가지고 있는 자산의 65배가 넘습니다. 그런데 이 1%는 정확히 누구일까요? 당신도 여기에 속할까요? 뒤 페이지에서 그 답을 찾아보세요.

TEST

사회학자 글렌 파이어보Glenn Firebaugh와 로라 M. 태치Laura M.Tach는 피실험인들에게 다음의 두 시나리오 가운데 하나를 선택하도록 했습니다.

A – 당신은 연간 6만 달러를, 당신의 동료들은 5만 달러를 번다.
B – 당신은 연간 8만 달러를, 당신의 동료들은 9만 달러를 번다.

당신이라면 어떤 것을 선택하시겠습니까?

**평가** 대다수는 A를 선택했습니다. 그러니까, 단지 동료들보다 더 많이 벌기 위해서 2만 달러를 포기한 것입니다. 이것은 부富라는 개념이 우리 주변과의 비교를 통해 정의된다는 것을 보여줍니다. 달리 말해, 돈은 우리가 이웃보다 더 많이 가지고 있을 때만이 우리를 행복하게 해준다는 것입니다. 백만장자도 수백만장자들 속에서는 가난하다고 느끼는 말도 안 되는 상황이 벌어질 수 있는 것도 바로 이 때문입니다.

알아두면 좋습니다

"자신이 열망하는 것보다 더 적게 가진 사람은 자신이 가진 것이 자신의 가치보다 더 많음을 알아야 한다."

— 게오르크 크리스토프 리히텐베르크

당신의 연 소득은 얼마입니까?

**연 3만 달러 이상이면**
**당신은 '상위 1%'에 속합니다.**

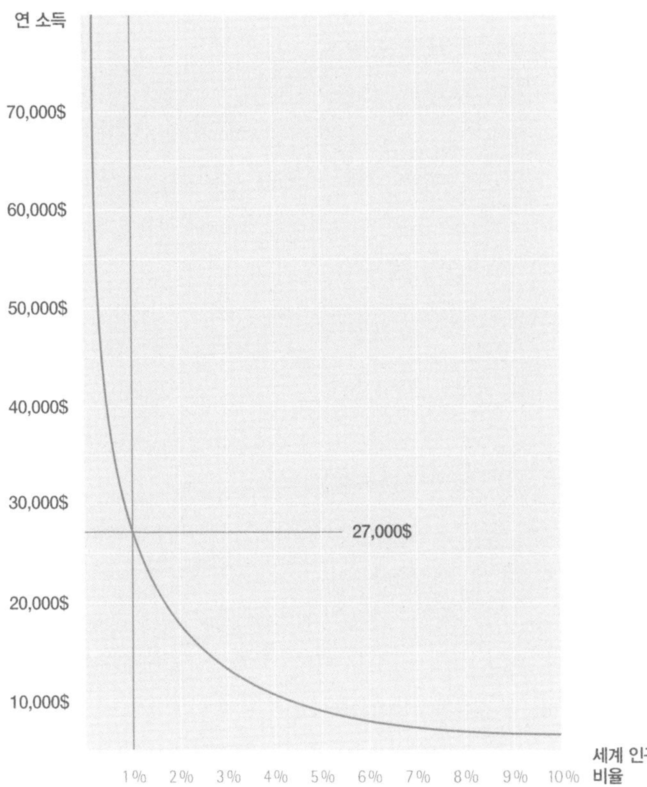


globalrichlist.com에서 국제 임금 비교 자료도 살펴볼 수 있습니다.

Nº | 나이 테스트 | 49

# 나는 언제 죽을까?

주제 한 가지 확실한 것은, 모두 언젠가는 죽는다는 사실입니다. 문제는 다만, 그것이 과연 언제냐 하는 것입니다. 이에 대해서는 통계 답안이 나와 있습니다. 보험수학자들은 이른바 사망 일람표를 이용해 고객들이 죽을 시점에 대한 가능성을 계산합니다.

사망 일람표는 사실 새로운 것이 아닙니다. 고대 로마의 법학자이자 정치가였던 도미티우스 울피아누스Domitius Ulpianus는 한때 집정관의 세금 징수 문제를 담당했습니다. 그는 40세 남성은 앞으로 20년은 더 살 것이고 60세 남성은 불과 5년만 더 살 것이라 가정했고 그에 따라 많은 집정관은 로마 시민들에게 높은 과세율을 적용할 수 있었습니다.

전해오는 이야기에 따르면, 결국에는 울피아누스 자신도 자신의 논리에 의해 앙갚음을 당해 얼마 안 가 망했다고 합니다.

TEST 엄밀히 말하면 사망 일람표는 테스트가 아니라 계산 결과입니다. 사망 가능성 계산법을 단순화해서 말하면, 특정 연령의 사망 건수를 그 연령의 사람들 숫자로 나누는 것입니다. 사망 일람표는 현재 130세까지 나와 있는데, 이 연령부터는 사망 가능성이 100%입니다.

평가 이 표에서 먼저 당신의 나이를 읽습니다. 당신의 나이가 많을수록 당신의 기대 수명도 높아집니다. 여성이 남성보다 몇 년 더 오래 산다는 것은 이미 알려진 사실입니다. 이 자료는 독일에 해당되는 것입니다. 스위스의 경우에는 이 수치에서 2년 정도를 더하고 오스트리아는 몇 개월 정도만 더하면 됩니다.

알아두면 좋습니다

:: **수명에 영향을 주는 요인들**

1. 유전적 성향(당신의 부모는 80세 이상 사셨습니까?)
2. 사회적 지위(당신은 대학교를 졸업했습니까? 당신의 수입은 평균 이상입니까?)
3. 생활 방식(당신은 과체중입니까? 흡연을 합니까? 운동을 합니까? 가족이 있습니까?)

## 사망 일람표: 나는 얼마나 더 살까?

| 현재 나이 | 앞으로 더 살 수 있는 연수 ♂ |
|---|---|
| 1 | 77 |
| 10 | 68.1 |
| 25 | 53.4 |
| 27 | 51.5 |
| 29 | 49.5 |
| 31 | 47.6 |
| 33 | 45.7 |
| 35 | 43.7 |
| 37 | 41.8 |
| 39 | 39.9 |
| 41 | 38 |
| 43 | 36.1 |
| 45 | 34.2 |
| 47 | 32.4 |
| 49 | 30.6 |
| 51 | 28.8 |
| 53 | 27.1 |
| 55 | 25.4 |
| 60 | 21.3 |
| 65 | 17.5 |
| 70 | 13.9 |
| 80 | 7.8 |
| 90 | 3.5 |
| 100 | 2 |

| 현재 나이 | 앞으로 더 살 수 있는 연수 ♀ |
|---|---|
| 1 | 82 |
| 10 | 73.1 |
| 25 | 63.2 |
| 27 | 58.2 |
| 29 | 56.2 |
| 31 | 54.3 |
| 33 | 52.3 |
| 35 | 50.3 |
| 37 | 48.4 |
| 39 | 46.4 |
| 41 | 44.5 |
| 43 | 42.5 |
| 45 | 40.6 |
| 47 | 38.7 |
| 49 | 36.8 |
| 51 | 34.9 |
| 53 | 33.1 |
| 55 | 31.2 |
| 60 | 29.4 |
| 65 | 25 |
| 70 | 20.7 |
| 80 | 9.1 |
| 90 | 4.3 |
| 100 | 2.1 |

N° | 주관적 행복 척도 | 50

# 나는 행복한가?

주제 행복이란 무엇인가? 그리고 나는 그걸 어떻게 느끼는가? 오늘날 학자들 대다수는 우리가 태어난 상황, 우리의 생물학적 성향, 사회 및 문화적 기회, 우연한 사건 그리고 우리 자신의 행동이 우리의 행복감에 영향을 미치는 가장 중요한 요인들이라는 데에 의견을 같이하고 있습니다. 이것은 어쩌면 우리가 행복을 어떻게 찾는지에 대한 질문의 답이 될 수도 있습니다. 그러나 여전히 풀리지 않는 문제가 남아 있습니다. 행복이란 무엇인가? 좀 더 정확히 말해, 우리는 행복을 어떻게 측정할 수 있는가 하는 것입니다. 이를 알려주는 온도계나 지표는 없습니다. 뇌파 검사조차도 믿을 만한 결과를 제시하지 못합니다. 건강한 아이, 안정적인 결혼 생활, 직장에서의 성공 그리고 자기 집을 가진 사람은 행복하다고 할 수 있지만, 이런 사람들도 불행을 느끼곤 합니다. 우리가 최소한의 생계유지를 위협받고 있지 않는 한, 행복이라는 감정은 외부의 상황에 의해 정해지는 것이 아닙니다. 그리고 오직 자신만이 행복한지 아니면 불행한지를 설명할 수 있습니다. 어쩌면 로마의 시인 푸블리우스 시루스Publius Syrus의 말이 맞을 수도 있습니다. "다른 사람에게 행복해 보이는 사람이 아닌 자기 스스로 행복한 사람이 진짜 행복한 사람이다."

TEST 행복의 정의에 대해서는 문화마다 차이가 있지만 그래도 실질적으로 모든 사람이 자신이 행복하다고 느끼는지 아닌지에 대한 감정을 가지고 있다고 미국의 심리학자 소냐 류보머스키Sonja Lyubomirsky는 말합니다. 그녀는 네 가지 질문을 이용해 주관적인 행복감을 알아보는 방법을 개발했습니다.

알아두면 좋습니다

:: **스스로 할 수 있는 것들**

1. 우정 관리하기: 비록 잘 안 되더라도 우정에 신경 써야 합니다. 자기 자신이 갖고 있지 않아도 남에게 선물할 수 있는 유일한 것이 바로 행복이기 때문입니다.
2. 관점 전환하기: 매일 저녁 그날 좋았던 일 두 가지를 글로 써보세요.
3. 일 만들기: 행복의 반대말은 불행이 아니라 지루함입니다.

아래 설명은 당신과 얼마나 일치합니까?

1. 전반적으로 나는 자신을 이렇게 생각한다.

그렇게 행복하지는 않은 사람 1 — 2 — 3 — 4 — 5 — 6 — 7 매우 행복한 사람

2. 친구들과 비교하면 나는

더 불행하다 1 — 2 — 3 — 4 — 5 — 6 — 7 더 행복하다

3. 나는 행복한 편이다. 나는 일을 방해하고 있는 것들에 상관없이 내 삶을 즐기고 있으며 모든 상황에서 최선을 다하고 있다.

전혀 그렇지 않다 1 — 2 — 3 — 4 — 5 — 6 — 7 그렇다

4. 나는 불행한 편이다. 우울증이 아님에도 내가 마땅히 누려야 할 행복감을 전혀 느끼지 못하고 있다.

전혀 그렇지 않다 1 — 2 — 3 — 4 — 5 — 6 — 7 그렇다

점수들을 더하세요.

▲ 위의 네 개 문구는 '역산' 문항입니다. 즉 1은 7점, 7은 1점입니다. 2는 6점이고 반대로 6은 2점입니다. 3은 5점, 5는 3점이며 4는 그대로 4점입니다. 합계를 4로 나누세요. 숫자가 높을수록 당신의 행복감도 높음을 뜻합니다. 이제 아래의 표준 집단과 비교해보세요.

| | 응답자의 16% | 평균 | 응답자의 16% |
|---|---|---|---|
| **러시아 성인** | 3.09 이하 | 4.02 | 4.95 이상 |
| **미국 성인** | 4.66 이하 | 5.62 | 6.58 이상 |
| **러시아 청소년** | 3.71 이하 | 4.84 | 5.97 이상 |
| **미국 청소년** | 3.78 이하 | 4.89 | 6.00 이상 |

주관적 행복 척도와 표준 비교, 사용 동의: 소냐 류보머스키

N° 짝과의 관계 테스트 51

# 이것이 사랑일까?

주제 "사랑에는 언제나 긴장감이 감돌아야 한다는 계율은 현대에는 말도 안 되는 지시다." 네덜란드의 여류 작가 코니 팔멘Connie Palmen이 쓴 한 작은 단편집은 이렇게 시작합니다. 연인들이 왜 서로 긴장감을 유지해야 하는가는 결코 사소한 문제가 아닙니다. 정확하게 말해, 팔멘은 처음에는 긴장감이 필요하다고 말합니다.

처음에 우리는 불안한 상태입니다. 처음에는 상대로부터 버림받을지 모른다는 두려움을 갖게 됩니다. 처음에는 상대가 나의 약점과 단점을 발견할까 봐 우려합니다. 연애 초기에 우리는 이런 불안감을 떨쳐버리고 서로의 부족한 점을 수용하는 법을 배워나갑니다. 그러면서 긴장감은 점점 사라집니다. 긴장감이 유지된다면 그 사랑은 이미 실패한 것입니다. 사랑하는 데 긴장감을 조성하는 뭔가가 필요하다면, 그 사랑은 이미 막바지에 이른 것입니다. 팔멘에 따르면, 관계라는 것은 인위적으로 긴장감을 조성해야 하는 것이 아닙니다. 관계 자체에 이미 일정한 긴장감이 존재하고 있기 때문입니다. 어느 날 지금 모습 그대로의 것이 더 이상 존재하지 않을 수도 있다는 두려움 말입니다. 팔멘의 짝은 암으로 세상을 떠났습니다.

TEST 이런 사랑의 정의는 특별한 것입니다. 그것 말고도 다른 많은 정의가 있으며 그 무엇도 절대적으로 옳지는 않습니다.

그렇기 때문에, 이것이 사랑인지 아닌지를 판별하는 신뢰성 있는 테스트라는 것은 존재하지 않습니다. 여기에 나와 있는 네 가지 질문 테스트는 학문적인 남녀 매칭을 지향하는 것이 아닙니다. 다만, 노르웨이의 한 목사가 결혼을 앞둔 커플들에게 던진 네 가지 현명한 질문을 여기에서 소개하고자 합니다.

알아두면 좋습니다

"시대의 일 앞에서 사랑 속에 숨지 말며 사랑 앞에서 시대의 일 속에 숨지도 말라."

— 에리히 프리트

당신 자신에게 차분히 다음 네 가지 질문을 던져보세요.

1. 나는 현재 내 짝을 좋아하고 있는가?
2. 내 짝이 내 아이의 부모가 되는 것을 상상할 수 있는가?
3. 우리 두 사람 모두 창문을 열어놓고 자는 것을 좋아하는가 아니면 닫아놓고 자는 것을 좋아하는가?
4. 내가 아침에 잠에서 깨어났을 때 옆에 누워 있는 사람이 만약 나라면, 꼭 안아주겠는가?

1. 우리가 다른 사람의 존재에서 행복감을 느끼는지 여부는 우리가 그 사람과 기꺼이 함께 있느냐, 아니냐를 통해 결정됩니다.

2. 이 질문은 즉흥적인 사랑의 감정이 장기적으로 유지될 것인지를 검증하는 것입니다.

3. 관계는 일상이고 일상은 습관이며, 습관은 성격의 지문입니다. 계속해서 서로에게 걸림돌이 되지 않으려면, 습관이 서로 일치하든지 아니면 조화롭게 맞춰져야만 합니다. 이 테스트를 개발한 목사는 침실의 온도를 한 예로 들고 있습니다.

4. "사랑은 결코 사랑받는 것이 아닌 사랑하는 것에 있다. 우리는 우리에게 부족한 사랑을 다른 사람에게서 찾을 수 없다."라고 에리히 프롬Erich Fromm은 강변합니다.

No | 섹스 테스트 | 52

# 나의 섹스 생활은 어떠한가?

주제 섹스 테스트의 고전이라 할 수 있는 '성관계 만족 지수ISS; Index of Sexual Satisfaction'를 살펴보겠습니다.

이 테스트는 1992년 월터 허드슨Walter W. Hudson에 의해 개발됐으며, 두 사람의 고정된 관계에서 성적 만족도를 측정하는 것이 아니라 둘 사이에 어떤 문제가 있는지를 평가하는 것입니다. 원래는 25문항으로 돼 있는데, 학문적 연구에서도 신빙성이 있는 것으로 이미 입증됐습니다. 여기에는 워밍업을 위해 11문항만 추려놓고 평가도 단순화했습니다. 모든 질문에 대해서 '예(설명이 적중한다.)' 또는 '아니오(설명이 적중하지 않는다.)'로만 대답하세요.

알아두면 좋습니다

"질문은 이해 못했지만, 분명한 건 섹스가 대답이라는 겁니다."

— 우디 앨런

1. 나는 파트너가 우리의 섹스 생활을 즐기고 있다는 느낌을 받고 있다.

예 ☐ (0) 아니오 ☐ (1)

2. 나와 내 파트너는 섹스를 즐기고 있다.

예 ☐ (0) 아니오 ☐ (1)

3. 우리의 섹스 생활은 단조롭다.

예 ☐ (1) 아니오 ☐ (0)

4. 파트너가 내게 지나치게 섹스를 원한다는 느낌이 든다.

예 ☐ (1) 아니오 ☐ (0)

5. 나는 파트너와의 성적 접촉을 피하려 하고 있다.

예 ☐ (1) 아니오 ☐ (0)

6. 내가 섹스를 원할 때, 파트너는 원하지 않는다.

예 ☐ (1) 아니오 ☐ (0)

7. 나는 우리의 섹스 생활이 관계를 돈독하게 만든다는 느낌이 든다.

예 ☐ (0) 아니오 ☐ (1)

8. 파트너가 나와의 성적 접촉을 꺼리는 것처럼 보인다.

예 ☐ (1) 아니오 ☐ (0)

9. 나는 파트너로 인해 매우 빨리 흥분한다.

예 ☐ (0) 아니오 ☐ (1)

10. 내가 파트너를 성적으로 만족시키고 있다고 생각한다.

예 ☐ (0) 아니오 ☐ (1)

11. 파트너는 나를 성적으로 만족시키지 못한다.

예 ☐ (1) 아니오 ☐ (0)

해당되는 체크 박스 옆에 나와 있는 점수를 모두 더하세요.

**합계 :**

**4점 미만** = 당신의 섹스 생활은 정상인 것 같습니다.
**4점 이상** = 당신의 대답을 보면 이상이 있는 것 같습니다. 이것을 문제로 여긴다면, 전체 ISS 질문에 대답을 해보고 전문가의 조언을 구하는 방법도 고려해보세요.

## No. 관계 내면 테스트 53

# 파트너에 대해 나는 얼마나 잘 알고 있는가?

주제 "당신, 뭔가 말했어?" "아니, 그건 어제였지." 작가 로베르트 게른하르트Robert Gernhardt가 오토 발케스Otto Waalkes에게 써준 이 위트는 수많은 커플의 '말 없는 사이'를 잘 보여줍니다. 이렇게 되기 전에, 여기 나와 있는 짧은 테스트를 받아봄으로써 상대방에 대해 얼마나 알고 있는지 점검해보세요.

알아두면 좋습니다

"희망은 가장 늦게 죽는다. 희망이 좀 더 일찍 죽는다면, 실망도 더 적을 것이다."
— 베르너 부터

당신의 파트너가 다음에 나오는 질문 14개를 당신에게 던집니다.

당신이 대답을 하면, 당신의 파트너가
그 대답이 맞는지 아니면 틀린지 판단합니다.

1. 현재 내가 가장 많이 생각하고 있는 두 가지 주제 혹은 문제는 무엇인가? 맞다 ☐ 틀리다 ☐
2. 내 친척 중 누가 나를 가장 많이 화나게 만드는가? 맞다 ☐ 틀리다 ☐
3. 나는 종교에 대해서 어떻게 생각하는가? 맞다 ☐ 틀리다 ☐
4. 나는 어렸을 때 어떤 직업을 갖고 싶어했는가? 맞다 ☐ 틀리다 ☐
5. 인간관계 문제가 생기면 나는 누구와 이야기하는가? 맞다 ☐ 틀리다 ☐
6. 최근에 나를 신경질 나게 만든 두 사람은 누구인가? 맞다 ☐ 틀리다 ☐
7. 좋은 바에 가면 나는 어떤 음료를 주문하는가? 맞다 ☐ 틀리다 ☐
8. 요즘 나는 어떤 책을 읽고 있는가 혹은 가장 최근에 내가 읽은 책은? 맞다 ☐ 틀리다 ☐
9. 당신을 만나기 전에 내가 예전에 사귀었던 사람의 이름은? 맞다 ☐ 틀리다 ☐
10. 내 어머니의 (결혼 전) 성은 무엇인가? 맞다 ☐ 틀리다 ☐

11. 나의 한 달 수입은 얼마나 되는가? 맞다 ☐ 틀리다 ☐

12. 우리는 최근에 언제 섹스를 했는가? 맞다 ☐ 틀리다 ☐

13. 우리가 알고 있는 사람들 중에서 솔직히 내가 가장 함께 있기 편안해하는 사람은 누구인가? 맞다 ☐ 틀리다 ☐

14. 내가 살고 싶어 하는 곳은? 맞다 ☐ 틀리다 ☐

옳은 답마다 1점씩 주세요.

**총점 :**

11점 초과 = 믿을 수가 없군요! 자문해보세요. 혹시 내가 내 파트너를 통제하고 있는 것일까?
7~11점 = 당신은 상대방에 대해 꽤 잘 알고 있군요. 자문해보세요. 그렇다면 나는 내 파트너에 대해서 무엇을 알고 싶을까?
7점 미만 = 축하합니다! 당신의 관계는 개선할 여지가 아직 많이 남아 있네요.

No | 부모 테스트 | 54

# 나는 좋은 아버지, 좋은 어머니인가?

주제 현대의 부모들은 많은 것을 할 수가 있습니다. 그래서 심지어 헬리콥터 부모helicopter Parent나 컬링 부모curling parent까지 되기도 합니다. '헬리콥터 부모'라는 말은 미국에서는 자녀를 절대로 시야에서 놓치지 않는 부모를 지칭하는데, 이들은 주로 자녀의 안전과 훗날 직업적인 성공을 보장하기 위해 자녀의 주변을 늘 맴돌고 있습니다. 스웨덴에서는 '컬링 부모'라고 합니다. 부모가 마치 컬링 스톤의 갈 길을 터주기 위해 얼음판을 쓸어주는 브룸broom과도 같이 지치지도 않고 자녀들의 갈 길에 장애가 되는 모든 것을 치워준다고 해 붙여진 이름입니다. 이들에게 중요한 것은 자녀들이 실제로 커리어를 쌓는 것이 아닙니다. 다만 자녀들이 훗날 커서 "난 유년 시절을 행복하게 보냈어."라고 말할 수 있도록 하려는 것입니다.

TEST 적지 않은 부모 테스트가 이미 나와 있습니다. 대부분은 진지하지만, 아주 웃기고 재미있는 것들도 더러 있습니다. 예를 들어 『초보 아빠를 위한 길잡이The Beginner's Guide to Fatherhood』의 저자 콜린 볼스Colin Bowles는 당신이 아이를 가질 준비가 돼 있는지 여부를 알아내려고 합니다. 자, 당신의 부모 자격을 시뮬레이션 해보죠.

당신이 하는 말을 모두 적어도 다섯 번씩 반복하세요. 17시에서 22시까지 4~6kg 나가는 끕끕한 짐 덩어리를 둘러메고 있으세요. 당신의 휴대전화가 시끄럽게 울려대도 무시해야 합니다. 그런 다음 22시가 되면 짐 덩어리를 바닥에 눕히세요. 23시에는 다시 안아 올려서 새벽 1시까지 둘러메고 있어야 합니다. 알람시계를 3시에 맞춰 놓으세요. 그때까지 당신은 아직 잠이 들지 않았기 때문에 2시에 다시 일어납니다. 2시 45분에 다시 침대에 누우세요. 정확히 3시에 알람시계가 울립니다. 이제 4시까지 어둠 속에서 자장가를 부르세요. 5시에 기상해서 아침 식사를 하세요.

이 모든 것을 5년간 지속하면서 즐거워하고 충분히 잤다고 느끼고 또 행복하게 여길 수 있다면, 당신은 부모가 될 준비가 된 것입니다.

알아두면 좋습니다

부모 퀵 체크: 당신이 부모님과 다르게 아이에게 하는 것은 무엇입니까? 정확히 무엇을 어떻게 하고 있나요?

당신의 자녀들에게 물어보세요.

'부모 양육 스트레스 척도PSI; Parenting Stress Index'와 같은
번거로운 심리 테스트를 받는 방법도 있지만
간단하게 당신의 자녀들에게 직접 묻는 방법도 있습니다.

1. 넌 용돈을 더 받았으면 좋겠니, 아니면 나와 시간을 더 많이 보냈으면 좋겠니?
2. 네게 화를 낼 때의 난 어떠니?
3. 네가 뭔가 하지 말라고 한 것을 했을 때, 내가 어떻게 벌을 줘야 할까?
4. 기분이 좋을 때의 난 어떠니?
5. 네가 상상할 수 있는 것 최고의 상은 뭐니?
6. 넌 나랑 뭘 하고 싶어?
7. 만약 우리가 시간이 아주 많다면, 넌 나와 무엇을 했으면 좋겠니?
8. 마지막 질문은 당신 자신에게 해보세요: 만약 당신에게 시간이 좀 더 난다면, 당신은 자녀와 뭘 하겠습니까?

테스트 결과에 대한 평가는 여기에선 생략하도록 하겠습니다. 아이들의 대답이면 충분할 것 같네요.

# T E S T

지식
&
믿음

BOOK

No | 인지도 테스트 | 55

# 나는 잘난 척하는가?

테스트부터 실시하세요.

당신은 자신에 대해서 얼마나 잘 알고 있습니까?

**다음에 나온 공공 인사들에 대해 평가해보세요.**
2 = 내가 알고 있는 게 분명하다.
1 = 약간 아는 정도이다. 0 = 모르는 게 분명하다.

1. 넬슨 만델라
2. 마일리 사이러스
3. 클라우스 스퇴르테베커
4. 헤르만 폰 헬름홀츠
5. 토마스 플러리
6. 장셔 칸
7. 데이비드 베컴
8. 디트리히 마테쉬츠
9. 이리스 폰 로텐
10. 로버트 크럼

11. 프랭크 T. 엘리엇
12. 안톤 크로넨베르크
13. 마리안네 제게브레히트
14. 게프하르트 레베레히트 폰 블뤼허
15. 프랜시스 들라크루아

---

**5번, 11번, 12번, 15번 사람들에 표시한 숫자를 더하세요.**

☞ 평가는 다음 페이지의 설명에 나와 있습니다.

단순화한 과잉주장 질문지, 사용 동의: 저자

주제 당신은 상식이 풍부하고 다른 사람들의 실수나 잘못을 꼬집는 데에도 주저함이 없나요? 당신은 모든 것을, 모든 사람을 잘 알고 있다고 믿나요? 그렇다면 이 테스트를 통해 그런 믿음의 바닥부터 다시 되짚어 보게 될 것입니다.

TEST 이 인지도 테스트는 당신이 저명인사들을 얼마나 많이 알고 있는지를 테스트하는 것이 아니라, 당신도 전혀 모르는 것에 대해서 얼마나 많이 이야기하는 경향이 있는지를 알아보는 것입니다. 이 테스트의 경우에는 당신이 이 세상에 아예 존재하지도 않는 사람을 얼마나 알고 있다고 주장하는지를 살펴봅니다.

평가 혹시 프랭크 T. 엘리엇, 안톤 크로넨베르크, 토마스 플러리 또는 프랜시스 들라크루아에 1 아니면 심지어 2라고 적었나요? 자, 이 사람들은 이 세상에 없습니다! 이 과잉주장 질문지OCQ; Over-Claiming Questionaire는 심리학 교수인 델로이 폴허스Delroy Paulhus가 개발했는데, 잘난 척하는 사람인지를 알아볼 수 있는 놀랍도록 간단한 방법입니다.
당신은 이 테스트를 실수 없이 통과했나요? 진심으로 축하드립니다! 그렇다고 해서 당신이 허풍선이가 아니라는 뜻은 아닙니다. 폴허스의 말을 빌리면 우리의 '주장 경향'은 상황에 따라 달라지기 때문입니다. 우리는 미래의 직장 상사 혹은 잠재적인 연인과 대화를 나눌 때면 자신을 좀 더 잘 포장하려는 경향이 있습니다. 상대방의 기대에 상응하는 대답을 하려는 이런 충동을 우리는 '사회적 바람직성social desirability'이라고 합니다. 우리는 모두 이 과잉주장이라는 감정을 잘 알고 있습니다. 훌륭한 코스 요리를 먹는 중에, 재미있는 대화가 오가는 중에, 요즘 인기 있는 음악 그룹의 이름이나 책 제목에 관한 주제가 다루어지는 중에, 우리의 머릿속에 뭔가 빙빙 맴돌기는 하는데 정확하게는 잘 모르겠습니다. 이렇게 잘 모른다는 것을 보여주지 않으려고 우리는 그것을 잘 알고 있는 것처럼 말하려고 하는 것입니다.

**알아두면 좋습니다**

뭔가 잘 이해되지 않는 것이 있으면, 그냥 물어보세요!

N° | 귀화 테스트 | 56

# 나는 스위스인이 될 수 있을까?

주제 스위스는 지상 낙원입니다. 적어도 각종 국제 '생활수준 순위 비교' 결과는 그렇게 말합니다. 그런데 어떻게 하면 이 낙원의 국민이 될 수 있을까요? 스위스 사람이 되려면, 적어도 12년간 스위스에서 거주했거나 아니면 외국인 부모의 자녀로서 스위스에서 태어났어야 합니다. 또 법규를 준수해야 하고 시험 비용으로 약 3,000스위스프랑을 내야 하며, 절차 진행에 3년을 기다려야 합니다. 그리고 당연히 귀화 시험에 합격해야만 합니다. 스위스의 여러 주와 지자체에서 실시하는 귀화 테스트에 잘 나오는 질문들이 아래에 나와 있습니다.

알아두면 좋습니다

스위스의 모든 새 일원에게 적용되는 규칙: 방해되지 않는 것이면 다 허용된다.

1. 다음 중 스위스에 없는 산은?

A 마테호른 B 몽블랑 C 아이거 D 리기

2. 다음 중 스위스의 국민 영웅으로 불리는 사람은?

A 윌리엄 텔
B 로저 페더러
C 앙리 기장
D 아르놀트 폰 빙켈리트

3. 다음 중 소설 『하이디Heidi』를 쓴 작가는?

A 예레미아스 고트헬프
B 요하나 슈피리
C 아스트리드 린드그렌
D 셀마 라겔뢰프

4. 다음 중 스위스의 가장 큰 종교 단체는?

A 로마 가톨릭교
B 개신교
C 나머지 모든 종교들
D 무교

5. 스위스는 언제 유엔에 가입했는가?

A 스위스는 유엔 가입국이 아니다.
B 스위스는 유엔 창립 멤버이다.
C 스위스는 국민투표를 통해 유엔에 가입한 최초의 국가이다.
D 스위스는 유엔 가입국 중 가장 늦게 가입했다.

6. 스위스의 국가 형태는?

A 대통령제 민주주의
B 자유방임주의
C 의회 민주주의
D 연방공화국

7. 스위스에는 반주(半州)를 포함해 모두 몇 개의 주가 있는가?

A 24개 B 26개 C 27개 D 28개

8. 스위스는 언제부터 연방국가로서 존재했는가?

A 1291년 B 1848년 C 1919년 D 1971년

9. 스위스는 언제부터 여성에게도 투표권과 선거권을 허용했는가?

A 1291년 B 1848년 C 1919년 D 1971년

10. 국민투표가 효력이 있으려면(주민 발안), 얼마나 많은 스위스 국민이 투표해야 하는가?

A 10만 명 C 50만 명 B 100만 명
D 주민 발안을 제기한 주의 주민수만큼

11. 스위스의 유급 휴가는 얼마나 보장돼 있는가?

A 연간 4주(+ 20세 이하인 모든 사람에게 1주일 더)
B 연간 5주(+ 55세 이상인 모든 사람에게 1주일 더)
C 모든 사람에게 연간 6주
D 법적인 규정이 없다.

1. B | 2. A | 3. B | 4. A | 5. C | 6. D | 7. B | 8. B | 9. D | 10. A | 11. A

**정답마다 1점씩 추가합니다.**

0~3점 = 안타깝습니다. 당신은 스위스에 너무 늦게 와서인지, 스위스인답지 않군요.
4~8점 = 나쁘지 않네요. 평균 수준입니다(그러니까, 스위스인답지 않은 것은 아닙니다).
9~11점 = 대단합니다! 당신은 보통 스위스인보다도 더 스위스인 같습니다!

N° | 백만장자 테스트 | 57

# 나는 백만 달러의 주인공이 될 수 있을까?

주제 「누가 백만장자가 될까」라는 TV 프로그램은 21세기의 커다란 욕구 두 가지를 합쳐놓은 것입니다. 바로 풍부한 상식의 소유자가 되는 것, 그리고 일확천금을 버는 것입니다.

이 책을 인쇄할 때까지 독일에서는 모두 여덟 명의 출연자와 세 명의 유명 인사가 백만 달러를 타내는 데 성공했습니다. 여기에 그 최종 질문 여덟 개를 소개합니다.

알아두면 좋습니다

전화 찬스가 필요하다면, 아래 번호로 전화를 걸어 이 책의 저자들과 통화할 수 있습니다:+ 41763032292

1. 에드먼드 힐러리는 1953년에 누구와 함께 에베레스트 산에 등정했을까요?
   - A 나스레딘 호자
   - B 너세이 핌손
   - C 텐징 노르게이
   - D 아브린드라나스 싱

2. 록밴드 비지스의 깁 형제들 중 쌍둥이는 누구일까요?
   - A 로빈과 배리
   - B 모리스와 로빈
   - C 배리와 모리스
   - D 앤디와 로빈

3. 다음 작가들 중 건축가로서 취리히 옥외 수영장을 건설한 사람은 누구일까요?

A 요제프 로트
B 마르틴 발저
C 막스 프리슈
D 프리드리히 뒤렌마트

4. 1954년에는 노벨화학상을, 1962에는 노벨평화상을 수상한 사람은 누구일까요?

A 라이너스 폴링
B 오토 한
C 펄 벅
D 알베르트 슈바이처

5. 인체의 절반 이상을 차지하고 있는 화학 성분은 무엇일까요?

A 탄소 B 칼슘 C 산소 D 철

6. 바닷속으로 뛰어들었다고 전해지는 신화 속 왕의 이름에서 유래한 바다는 무슨 바다일까요?

A 이오니아 해
B 에게 해
C 아드리아 해
D 카스피 해

7. 나겔-슈레켄베르크 모델Nagel-Schreckenberg Model은 다음 중 무엇의 발생 원리를 밝혀주는 것일까요?

A 사막
B 교통 체증
C 독감
D 주가 폭락

8. 프란츠 카프카가 사망하기 1년 전인 1923년에 마지막으로 사귄 연인은 누구일까요?

A 도라 디아만트
B 사라 사피르
C 올가 오팔
D 리타 루빈

1. C | 2. B | 3. C | 4. A | 5. C | 6. B | 7. B | 8. A

No. 교육 테스트 58

# 내 아이는 똑똑한가?

주제 읽기, 쓰기, 계산하기가 인생에 도움이 됐으면 됐지, 방해가 된다고 생각하는 사람은 아무도 없을 것입니다. 그런데 적성 검사는 그 누구도 의도하지 않았던 방향으로 교육제도를 바꾸어 놓았습니다. 오늘날 수업은 인생을 준비하는 데 도움이 되는 것이 아니라 그다음의 테스트, 그 다음의 필기시험을 위한 준비 역할을 하고 있을 뿐입니다. 미국에서는 이를 '테스트를 위한 교육'이라고 일컫고 있습니다. 그 유명한 국제 학업성취도 평가PISA 테스트 역시 우리를 위대한 사람으로 만드는 능력을 평가하는 것이 아니라, 오직 합격하는 데 필요한 능력들만 평가할 뿐입니다.

TEST 하이케가 자전거를 타고 집에서 4km 떨어져 있는 강가로 갔습니다. 목적지까지 도달하는 데에는 9분이 걸렸습니다. 집으로 다시 돌아올 때에는 아까보다 좀 짧은 3km 구간을 이용했고 그래서 6분밖에 걸리지 않았습니다. 강가까지 갔다가 집으로 다시 돌아올 때까지 하이케의 평균 속력을 km/h로 계산하면 얼마일까요? 정답은 뒤 페이지에 있습니다.

평가 9학년 PISA 테스트에서 수학 문제는 전형적으로 이렇습니다. 이런 것을 도대체 누가 풀 수 있을까요?! 상당수 국가들은 PISA 이외에도 자체적인 국가시험을 도입하고 있습니다. 가령 미국에는 대학 입학시험인 SAT가 있고 영국은 11+ 중등교육 자격시험, 스위스는 지미Gymi 시험 등이 있습니다. 이제 겨우 1학년인데 중등교육 시험을 위해 일찌감치 고군분투하고 있는 자녀를 둔 학부모를 위해 한 가지 위로의 말을 해주자면, 지난 1930년까지만 해도 뒤에 나와 있는 문제에 답할 줄 아는 초등학생들은 '매우 좋음'이라는 점수를 받았습니다. 이 테스트는 2차 대전 발발 전 학부모들의 교과서와도 같았던 《부모 매거진The Parents' Magazine》의 1930년도 11월호에 게재된 것입니다.

알아두면 좋습니다

:: 커닝법의 정석:

플라스틱 물병의 상표를 조심스럽게 떼어냅니다. 그리고 그 상표의 뒷면에 공식이나 키워드를 적습니다. 그런 다음 다시 그 상표를 붙입니다. 시험 중에 생각이 잘 안 나면 그 물병 안쪽을 뚫어질 듯 바라보세요.

## 7~10세 자녀에게 물어보세요.

1. 사과는 모두 빨간 색일까?

2. 녹색 나뭇잎이 어느 계절에 색깔이 변할까?

3. 대서양은 불과 물, 종이, 흙 가운데 무엇으로 이루어져 있을까?

4. 1,000달러가 되려면 100달러짜리가 몇 개 있어야 할까?(원래 질문: 1쿼터는 몇 니켈일까?)

5. 얼음은 태양빛을 보면 녹을까?

6. 네가 자동차에 앉아 있는데, 다른 자동차들이 마주 오고 있어. 이 자동차들은 네 어느 쪽으로 스쳐 지나갈까, 왼쪽 아니면 오른쪽?

7. 물고기한테는 깃털이 있을까?

8. 할아버지나 할머니가 방 안으로 들어오시면 어떻게 하는 게 예의 바른 것일까?

a) 계속 앉아 있는다.
b) 일어서서 아무런 말없이 밖으로 나가버린다.
c) 일어섰다가, 할아버지가 할머니가 앉으시거나 아니면 밖으로 다시 나가실 때까지 기다렸다가 앉는다.

9. 감자 500g과 설탕 500g 중에 어느 것이 더 무거울까?

1. 아니다 | 2. 가을 | 3. 물 | 4. 10개 | 5. 그렇다 |
6. 왼쪽 | 7. 없다 | 8. C | 9. 똑같다

정답 5개 이상 = 좋음
정답 7개 이상 = 놀랍도록 똑똑함
모두 정답 = 실질적으로 불가능함

☞ 전체 구간에서 하이케의 평균 속력:
4 + 3 = 7㎞를 9 + 6 = 15분 = 1/4시간 동안 주행; 따라서 7 × 4 = 28㎞/h.

N° 옥스브리지 테스트 59

# 나는 현명한가?

주제 모르는 사람을 대하는 태도는 보편적 사고의 핵심 역량 중 하나로 간주되기 때문에, 명성 있는 옥스퍼드대학교와 케임브리지대학교, 줄여서 옥스브리지에서는 입학시험 이외에 '두뇌교란형Brain teaser' 테스트도 실시합니다. 황당한 문제처럼 보이지만 가끔 정답이 있기도 합니다. 그리고 가끔은 당신이 생각하는 모습을 지켜보는 것이 주된 목적이 되기도 합니다.

TEST 어쩌면 당신은 이런 질문을 받을 수도 있습니다. "브루클린의 인구는 얼마일까요?" 모르겠나요? 자, 함께 생각해보죠. 뉴욕은 대도시입니다. 뉴욕의 인구는 아마 8백 만 명이나 천 만 명쯤 될 겁니다. 이곳의 인구는 얼마나 많은 구역에 흩어져 살죠? 비스티 보이스Beastie Boys는 뉴욕에 대한 가사를 써서「투 더 파이브 버로스To The 5 Boroughs」앨범에 발표했는데, 거기에 보면 네 곳이 언급돼 있습니다. 맨해튼, 퀸스, 브루클린 그리고 브롱크스이지요. 그런데 다섯 번째 구역은 어디였죠? 단순화하기 위해서, 앞서 언급한 네 구역의 크기가 서로 비슷하다고 하면, 다섯 번째 구역은 조금 덜 알려져 있기 때문에 아마도 이보다 조금 작을 겁니다. 그러면 뉴욕 전체 인구를 9백 만 명이라 생각하고 4.5로 나눕니다. 그럼 2백 만 명이 나옵니다. 나쁘지 않습니다! 브루클린의 실제 인구는 약 2백 50만 명이니까요!

입학심사위원회는 당신이 브루클린의 인구를 알고 있느냐 모르느냐에 관심이 없습니다. 다만 문제 해결 전략으로서 당신이 어떻게 생각하는지를 보고 싶어 할 뿐입니다.

존 판던John Farndon은 『이것은 질문입니까?Do you think you're clever?』라는 훌륭한 책에 이런저런 수수께끼들을 모아놨습니다(참고로 이 책의 제목은 옥스브리지 테스트의 한 문제). 거기에 나오는 재미있는 문제 중에는 이런 것들도 있습니다. "노아는 방주에 동물을 몇 마리 태웠을까?" 혹은 "왜 '신God'과 '나'는 영어 대문자로 적을까?" 상급자용 문제도 있습니다. "저는『햄릿』이 너무 긴 것 같아요. 당신도요?" 그래놓고는 정말 브레인스토밍을 할 만한 대단한 질문이 나옵니다. "이것이 질문일까요?"

**알아두면 좋습니다**

시험을 보는 동안, 친구들과 술집에 앉아 있다고 상상하면 도움이 됩니다. 아무도 당신의 지식에 매료되지 않습니다. 다만 모두들 당신이 생각하는 방법에 열광할 것입니다. 그리고 시험관들 역시 사람입니다.

당신에게 3ℓ 통 하나와 5ℓ 통 하나가 있습니다.
이것으로 정확하게 물 4ℓ를 측량해내세요.

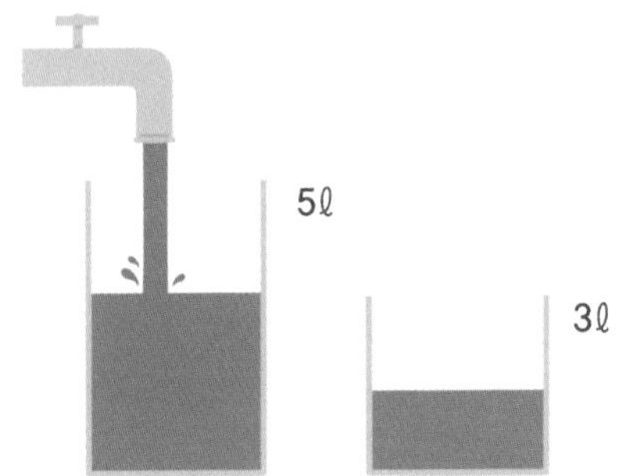

이 문제는 영화 「다이하드 3」로 유명해졌습니다. 영화에서 두 주인공은 폭탄이 터지는 걸 막기 위해서 이 수수께끼를 풀어야만 합니다. 그 해결 방법은 다음과 같습니다. 먼저 5ℓ 통에 물을 가득 채운 다음, 이 통에서 다른 통으로 물을 3ℓ 옮겨 부으세요. 그럼 이제 큰 통에는 물 2ℓ가 남아 있습니다. 다음에는 작은 통을 비우고 거기에 큰 통에 남아 있는 물 2ℓ를 부으세요. 그런 다음 큰 통에 새로 물을 채운 후, 작은 통이 꽉 찰 때까지 다시 큰 통의 물을 작은 통으로 옮겨 부으세요. 작은 통에 이미 물 2ℓ가 있었기 때문에, 정확히 1ℓ만 더 들어갈 뿐입니다. 그럼 이제 큰 통에는 5−1= 4ℓ만 남아 있게 됩니다.

N° 튜링 테스트 60

# 나는 로봇과 대화하는 중일까?

주제 영화 「블레이드 러너」에선 로봇이 사람처럼 생겼을 뿐만 아니라 행동도 사람처럼 합니다. 인간과 기계를 구분해낼 수 있는 테스트는 '보이트-캄프 테스트Voigt-Kampff Test'라는 매우 복잡한 심리 측정 방법밖에 없습니다. 둘을 구분하는 기준은 감정이입 여부입니다. 사람은 동감할 줄 아는 능력이 있지만, 기계는 그렇지 않습니다.
이 '리플리컨트replicant 테스트'는 공상과학 작가 필립 K. 딕Philip K. Dick이 이 영화의 원작 소설에서 구상해낸 것입니다. 그러나 이미 1950년에 영국의 논리학자 앨런 튜링Alan Turing이 단순하면서도 선견지명이 있는 질문을 던졌습니다. 기계는 생각할 수 있을까?

TEST 튜링의 이름을 본떠 지어진 '튜링 테스트'는 다음과 같이 실시됩니다. 당신은 두 명의 파트너와 글자로 의견을 나누게 됩니다. 이때 당신은 상대를 볼 수도, 들을 수도 없습니다. 한 대화 파트너는 사람이고 나머지 파트너는 컴퓨터입니다. 둘 모두 당신에게 사람으로 평가받으려고 시도합니다. 이제 당신의 과제는 누가 사람이고 누가 컴퓨터인지 알아내는 것입니다. 몇 번 대화를 나누고서도 당신이 못 알아맞히면 기계가 이긴 겁니다. 컴퓨터는 인간을 아예 대체하기 위해 점점 더 정교해지고 갈수록 '인간적'이 돼가고 있지만, 그런 와중에 일부러 철자를 틀리고 멋진 금언을 사용하고 약간은 회의적이면서 무뚝뚝한 모습을 보여주는 소프트웨어까지 개발되면서, '챗봇Chatbot'으로 인간을 속이는 데 성공한 사례가 지금까지 단 한 번 있었습니다. 러시아 개발진이 프로그래밍 한 '유진 구스트만Eugen Goostman'이라는 이름의 이 컴퓨터는, 열세 살 우크라이나 소년을 흉내 내 런던에서 열린 튜링 테스트에서 심사관의 33%를 속였습니다.

**평가** 앨런 튜링은 2000년이면 우리가 5분간 '대화'를 나누고 나서 사람과 기계를 성공적으로 구분해낼 수 있는 가능성이 기껏해야 70%밖에 되지 않을 것이라고 예측했습니다. 이 예상이 딱 한 번 실현됐다는 점을 두고 많은 이는 이것이 사람의 지능이 매우 복잡하다는 것을 증명해주는 것이라고 말하고 있습니다. 그러나 반대로 튜링 테스트의 우수성이 입증됐다고 말하는 사람들도 있습니다.

이 테스트가 의미가 있든 없든, 이보다 더 흥미로운 점이 있습니다. 컴퓨터를 기계로서 인식해내기 위해서 당신이라면 과연 어떤 질문을 컴퓨터에 던지겠느냐 하는 것입니다. 왜냐하면 그 질문을 통해 당신이 기계를 어떻게 판단하는지를 알 수 있기 때문입니다. 트리비얼 퍼슈트Trivial Pursuit 게임에 나오는 질문을 던지는 사람이라면 당연히 가능성이 없습니다. 모든 검색 기계들은 그런 질문에 대해 답을 할 수가 있습니다. 위키피디아와 구글의 시대에서 그런 지식을 알고 있다는 건 오히려 자신이 기계라는 점을 시사할 뿐입니다. 어떤 사람도 그런 대답을 외우고 있지는 않으니까요.

기계인지 아닌지를 밝혀낼 수 있는 현명한 방법은 바로 인간적인 질문을 던지는 것입니다. 몇 년 전 한 테스트 기계는 "누가 널 만들었니?"라는 질문에 "프로그래밍 언어 AIML야."라고 대답한 적이 있습니다. 기계가 가장 힘들어하는 건, 인간의 태곳적 능력인 이른바 '건강한 인간의 오성'을 보이는 일입니다. 이건 진부함이나 어리석음과는 반대되는 능력입니다. 가령 '기린은 자동차를 운전할 수 있을까?'라는 질문을 생각해보세요. 기린이 운전을 못한다는 건 어린아이도 압니다. 하지만 이 질문을 구글에서 검색해보면 도로에서 목격된 기린이나 아니면 동물 운송에 관한 유럽연합의 규정 등, 기린이라는 단어와 연관된 각종 글이 부지기수로 쏟아질 것입니다. 그러니까 컴퓨터는 이 질문에 틀린 답을 할 수도 있습니다. 방대한 데이터뱅크에 지금까지 그 어떤 사람도 앞의 그 질문과 그에 대한 정답을 정확하게 입력해놓지 않은 이상 말입니다. 이제 모순적인 결론을 말할 때가 됐습니다. 모든 기계는 '단순할수록 더 어렵게 여긴다.'라는 것입니다.

기계를 밝혀내는 가장 확실한 방법은 이른바 '위노그라드Winograd 도식'입니다. 지극히 평범하지만, 문법상의 트릭을 써서 컴퓨터는 그 의미를 읽어낼 수 없도록 만드는 질문들입니다. 예를 하나 들어보겠습니다. "커다란 공이 책상을 부쉈습니다. 왜냐하면 그것이 쇠로 돼 있었기 때문입니다."

문제: "무엇이 쇠로 돼 있었을까요? 공일까요, 아니면 책상일까요?" 이 문제는 건강한 인간 오성과 문법적인 연관성을 제대로 파악하는 능력을 요구합니다.

알아두면 좋습니다

온라인 서핑을 하다 보면 작은 튜링 테스트에 맞닥뜨리게 됩니다. 특히 보안 문제로 인해, 흐릿하고 왜곡돼 있는 이미지를 입력할 때가 생기는 것입니다. 튜링 테스트에서 유래된 이 캡차CAPTCHA; Completely Automated Public Turing test to tell Computers and Humans Apart 테스트는 오직 인간만이 풀 수 있는 퍼즐입니다.

No 공안 테스트 61

# 나는 준비돼 있는가?

주제 많은 종교가 인생을 일종의 시험으로 보고 있습니다. 이 시험에 통과하는 사람은 천국으로 갑니다(→ 내세 테스트 p. 308). 선禪에서는 천당도 없고 지옥도 없습니다. 선에서는 그저 존재만이 있을 뿐입니다. 그리고 존재에는 온갖 허상이 숨어 있기에, 선승禪僧들은 이 허상을 깨뜨리는 수단을 개발했습니다. 그것이 바로 공안公案, Koan입니다. 공안은 정답이 없는 부조리한 질문으로, 그에 대해서 스스로 대답을 하면서 한 줄기 깨우침의 빛을 얻는 수행 방법입니다.

TEST 선사禪師가 제자에게 질문을 던집니다. 거기에는 정답이 있을 수 없고 그래서 더욱 잘못된 질문들만 나올 뿐입니다. 예를 들어 이런 것이 공안 질문입니다. “손이 부딪힐 때 나는 소리는 무엇인가?” 당혹감을 가중시키기 위해 또 다른 주문이 이어집니다. 대답을 찾는 대신, 대답이 스스로 찾아올 때까지 기다려야 한다는 것입니다. 이 질문 자체가 바로 관조의 대상이 됩니다.

평가 마침내 대답이 찾아오면, 질문을 받은 사람은 이제 거기에서 생겨난 또 다른 의문의 사다리를 타고 올라가야 합니다. 몇 개의 사다리 횡목을 타고 올라가야 하는지, 그래서 몇 개의 질문을 통과해야 하는지, 그 어디에도 정해진 건 없습니다. 중요한 건 질문이 아닙니다. 공안 질문을 지나고 나면 또 다른 공안 질문 앞에 서 있게 됩니다. 전설처럼 내려오고 있는 한 선승과 선사의 대화가 있습니다. "전 스승님께 여쭤보았죠. '그 모든 게 왜 그런 겁니까?' 그러자 스승님은 미소를 지으시더니 가버리셨습니다." 공안에 대답하는 동안 자신의 모든 일상은 반드시 계속 유지해야 한다는 점이 우리를 더욱 어렵게 만듭니다. 즉 공안 테스트를 받으면서 잠도 거의 안 자고 음식도 거의 안 먹고 따뜻한 옷도 거의 안 입고 명상은 많이 하고 일도 많이 해야 합니다. 공안은 모든 것의 행함을 수반합니다. 그리고 존재의 극한까지 스스로를 내몰면서 스스로를 힘들게 만드는 것입니다. 공안에 몰두하는 사람은 무너져 내립니다. 그래서 적지 않은 선승들이 너무 많은 생각으로 인해, 이른바 선 질병이라고 하는 탈진 상태를 일으켜 목숨을 잃었습니다.

### 알아두면 좋습니다

공안에 통과하고자 하는 압박감을 훌훌 던져버리고 나서야 비로소 대답이 찾아옵니다. 전형적인 공안을 살펴보죠. "누구나 자신이 태어난 곳이 있지. 그대는 그곳이 어디인가?" 그 대답은 가령 다음과 같을 수도 있습니다. "오늘 아침 저는 흰죽을 먹었지요. 그런데 지금 벌써 또 배가 고픕니다." 여기에 대해서 당신도 곰곰이 생각해보세요.

여기 공안을 몇 개 예로 들어봤습니다.
세 번의 인생을 살면서 생각해도 좋을 만큼
어려울 겁니다.

배를 수평선에 잡아두어라.

한 소녀가 길을 건너가고 있다.
이 소녀는 언니일까 아니면 여동생일까?

시간의 절반은 무엇이겠는가?

N° 내세 테스트 62

# 나는 천당에 갈까?

주제 대다수 종교가 인생 전체를 일종의 테스트로 여기고 있습니다. 그런데 우리가 이 테스트에 합격했는지 여부를 결정하는 기준은 무엇일까요?

TEST 사망한 후에는, 그리고 늦어도 최후의 심판 때에는 우리는 신 앞에 서게 되고 그 사람의 인생은 저울질을 당하게 됩니다. 아래에는 세계의 여러 종교에 대해 간략한 설명이 나와 있습니다.

☸ 불교

세계의 모든 고통의 원인은 세 가지 독, 즉 욕심과 무지 그리고 증오에 있습니다. 이것들을 극복하는 사람만이 해탈해 열반에 들 수 있습니다. 열반은 장소가 아니라, 욕심과 구속에서 벗어난 의식 상태를 뜻합니다.
이 상태가 될 수 있는 사람은 극소수에 불과하며 대다수는 이 세 가지 독이 육화肉化돼 업보에 매달리게 됩니다. '팔정도八正道'를 따르세요. 즉 바른 견해, 바른 사유, 바른 말, 바른 행동, 바른 생활, 바른 노력, 바른 새김, 바른 정신통일을 수행하세요.

ॐ 힌두교

현세의 삶은 네 가지 기준으로 판단됩니다. 카르마 요가(욕심을 버린 행위),

박티 요가(종교적인 실천의 삶과 헌신), 즈나나 요가(육체는 유한하고 영혼은 영원하다는 깨달음), 그리고 라자 요가(명상을 통해 정신을 깨끗이 함)가 바로 그것입니다. 자신의 행동을 통해 좋은 업을 쌓느냐 아니면 나쁜 업을 쌓느냐에 따라서 스바르가svarga라고 하는 천계에 갈 수도, 아니면 나라카naraka라고 하는 지옥에 갈 수도 있습니다. 하지만 이것은 부차적인 것일 뿐입니다. 이 두 장소에서 일정한 시간이 지나면, 불멸의 영혼인 아트만atman이 식물이나 동물 혹은 인간으로 다시 태어나기 때문입니다.

이런 윤회는 '영혼의 이동'을 뜻하는 삼사라samsara라고 불립니다. 천계보다 더 중요한 것은 목샤moksha입니다. 이것은 윤회로부터의 해방을 뜻하는데, 인간의 상상력 밖에 위치해 그만큼 도달하기 어려워서 그에 대한 어떠한 설명도 존재하지 않습니다. 하지만 비록 당신이 절대로 해방될 수 없다고 하더라도, 훌륭한 삶을 영위하는 것은 그만한 가치가 있습니다. 현생에서의 당신의 선행은 다음 세상에서 더 높은 카스트 신분으로 상승할 수 있도록 해줄 것이기 때문입니다.

### ☪ 이슬람교

천국에 가려는 사람은 살아 있는 동안 5대 기둥을 따라야 합니다. 신앙고백, 예배, 종교적 헌납, 단식, 성지순례가 바로 그것입니다. 그리고 술과 돼지고기가 금지돼 있으며, 나머지 육류는 반드시 도축돼야 합니다. 사망한 후에는 최후 심판의 날이 도래할 때까지 기다리는 시간이 있습니다. 그런 다음 생전의 모든 행위에 대한 심판이 이루어지는데, 선행은 악행보다 무게가 더 많이 나갑니다. 이어서, 지옥의 불을 지나 천국 잔나Jannah로 통하는 아스시라트As-Sirāt라고 하는 다리를 건너게 됩니다. 신을 경외한 사람에게는 이 아스시라트가 넓고 편안하지만, 죄를 저지른 사람에게는 마치 머리카락처럼 좁아 결국 지옥 자한남Janhannam으로 떨어지게 됩니다. 위안의 말을 전하자면, 알라는 인간을 지옥에서 천국으로 안내할 수 있습니다.

✡ 유대교

토라Thora에는 내세에 대한 언급이 한 마디도 없습니다. 그렇다고 해서 유대인들이 원칙적으로 사후 세계를 믿지 않는다는 것은 아닙니다. 하지만 매우 복잡합니다. 탈무드Talmud는 천국을 사바트Sabbath와 섹스, 햇빛이 뒤섞여 있는 것으로 설명하고 있습니다. 그러나 이슬람 종말론에서는 천국이 이론적으로 부수적인 역할만 할 뿐입니다. 이보다 더 중요한 것은 올람 하바(다가올 세상)입니다. 정통파와 일부 보수파는 천국을 실재하는 장소로 보고 있고 세 번째로 큰 집단인 개혁파는 순전히 상징적인 의미로 받아들이고 있습니다. 그래도 현세에서 우리의 행동이 매우 중요하다는 데는 입장을 같이하고 있습니다. 그래서 무엇을 어떻게 먹어야 하는지를 정하고 있는 규칙만 30개나 됩니다(돼지고기도 안 되고 갑각류도 안 되고 과식도 안 됩니다.). 중요한 것은, 잘못 행동하는 사람은 신의 은총을 기대해선 안 되지만 참된 후회와 회복을 통해 스스로를 구원할 수 있다는 사실입니다.

✞ 기독교

가톨릭교에서는 성당을 다니고 영성체를 받고 십계명을 따르고 신부님에게 정기적으로 고해성사를 하고 금요일에는 금육하고 매년 사순절에는 40일 금식하는 것을 꼭 필요한 일로 보고 있지만, 그렇다고 해서 이것만으로 인생의 테스트에 합격하기에는 충분하지가 않습니다. 가톨릭 성례전과 중보기도가 더해져야만 은총을 바랄 수 있습니다.

개신교에서는 하나님을 믿고 용서를 구하고 예수 그리스도를 인정하는 것만으로도 천국에 갈 수 있다고 일반적으로 신앙하고 있습니다. '모든 인간은 의인인 동시에 죄인Simul iustus et peccator'이어서 하나님의 은총만이 천국으로 통하는 문을 열 수 있고 인간의 행위는 어느 정도는 천국행과 무관합니다. 그래도 숙명론은 통용되고 있어서, 하나님의 구원을 받도록 예정돼 있는 인간은 살아 있는 동안 선행을 하게 돼 있습니다.

### 알아두면 좋습니다

신성한 문서들에 대한 해석은 그 종류가 다양한 만큼이나 매우 복잡합니다. 여기에 제시한 설명 역시 그런 다양한 해석들 가운데 하나에 불과합니다.

N° | 바넘 효과 | 63

# 우리는 모두 평등한가?

테스트부터 실시하세요.

아래 설명이 당신과 얼마나 일치하는지를
단계 0~5로 평가해보세요.

당신은 다른 사람의 애정과 경탄을 필요로 하며 스스로에 대해 비판적인 경향이 있습니다. 당신의 성격에는 몇몇 단점이 있지만, 당신은 전반적으로 이것들을 잘 상쇄시킬 수 있습니다. 당신에겐 뛰어난 능력들이 있지만, 이것을 당신의 장점으로 이용하지 않고 방치해놓고 있습니다. 겉으로 보기에 당신은 규율을 잘 지키고 자기 통제도 잘하지만, 내적으로는 두려움과 불안감을 갖고 있습니다. 그러면서 당신은 자신의 행동과 결정이 옳은지에 대해 심각하게 회의적으로 생각합니다. 당신은 어느 정도는 변화를 좋아하며, 금지와 제한으로 속박당하는 것에 불만스러워합니다. 당신은 자신의 독립적인 생각을 자랑스럽게 생각하고 다른 사람들의 입증되지 않은 의견을 무조건 받아들이지는 않습니다. 그래도 당신은 자신을 남들에게 솔직하게 열어 보이는 것은 어리석은 짓이라고 여깁니다. 때로 당신은 외향적이고 붙임성 있고 허물없이 행동하지만, 때로는 내향적이고 회의적이고 소극적으로 변하기도 합니다. 당신이 바라는 것들은 비현실적으로 비칩니다.

전혀 맞지 않는다 1 2 3 4 5 완전히 일치한다

☞ 이제 다음 페이지의 설명을 읽어보세요.

TEST

1948년 심리학자 버트럼 포러Bertram Forer는 작은 실험을 실시했습니다. 자신이 가르치는 대학생들에게 성격 테스트를 받도록 하고는 개인별 진단 결과를 제시한 것이었습니다.

포러는 학생들에게 이렇게 물었습니다. "이 진단이 얼마나 맞는가?" 학생들은 0~5점 중에 평균 4.26점을 주었습니다. 학생들은 진단 내용의 80% 이상이 자신들과 맞다고 평가한 것입니다.

평가

그런데 실제로 모든 학생은 포러 교수로부터 똑같은 내용의 진단을 받았습니다. 평범하고 뻔한 내용들을 섞어서 만든 것이었는데, 학생들은 거의 모든 내용이 자신들에게 해당한다고 대답했습니다.

포러의 이 테스트는 바넘 효과를 심리학적으로 깊이 있게 다룬 것으로서 수백 번 반복 실시됐고 그 결과 늘 약 80%가 진단 결과에 동의하는 것으로 입증됐습니다.

바넘 효과는 개인뿐 아니라 기업에도 적용됩니다. 영국인 스튜어트 놀란Stuart Nolan은 2011년 기업 약 1,000곳을 대상으로 CICorporate Identity에 대한 자가 진단 테스트를 실시했습니다. 그런 다음 모든 기업에 똑같은 평가 결과지를 주었습니다. 기업에 해당되는 문구로 바꾸기만 한 바넘 텍스트를 전달한 것입니다.

그런데 673개 기업 중 565개, 즉 84%가 평가 결과지의 내용이 자신들에게 맞다, 혹은 완전히 일치한다고 봤습니다.

이 바넘 효과에서 우리는 무엇을 배울 수 있을까요? 첫째, 우리는 성격 테스트를 받으면 무의식중에 자신에게 해당되는 이야기를 찾으려고 합니다. 둘째, 바넘 문구들("당신은 당신의 독립적인 생각을 자랑스럽게 여깁니다." 등)은 누구나 원하는 특징들을 강조하고 있습니다.

바넘 효과를 통해 우리는 또한, 성격 테스트가 우리의 있는 모습 그대로를 평가하는 것이 아니라 얼마나 많은 사람이 똑같은지를 평가하는 것임을 알 수 있습니다. 심리 평가는 개성을 묻는 것이 아니라, 공통성을 묻는 것입니다.

**알아두면 좋습니다**

사람들은 대부분 자신의 있는 모습 그대로를 알려고 하지 않고 자신이 지금 모습 그대로라도 괜찮은지를 들으려고 합니다. 사람들은 정확한 판단이 아닌, 동의를 구할 뿐입니다.

N° | 베이즈 정리 테스트 | 64

# 나의 추측이 올바른가?

주제 설명 문구가 '옳다' 혹은 '그르다'로만 평가할 수 없고 이 양 극단의 사이에서 여러 등급의 가능성이 존재할 수 있다는 사실이 알려진 것은 이미 300년 가까이 됩니다. 우리가 그 가능성에 대해 속에서부터 우러나와 진심으로 신뢰할 수 있는 그런 장치를 개발하기에는 짧아도 너무 짧은 시간입니다.

사행산업뿐 아니라 투자은행이나 투자컨설팅업체들도 이렇게 확률을 현실적으로 판단하지 못하는 인간의 무능력으로 먹고 살고 있습니다. 오늘날 흡연이 암을 유발할 수 있다는 것은 어린아이도 다 알고 있습니다. 줄담배를 피워대면서도 95세까지 정정하게 살아 계신 할아버지를 둔 어린아이조차 말입니다. 과거 철학자들은 이런 모순되는 사례들 때문에 가설과 정리에 반박하곤 했습니다.

TEST 확률을 어떻게 계산할 것인지에 관한 규칙을 최초로 만들어낸 사람은 놀랍게도 장로파 목사였던 성직자 토마스 베이즈Thomas Bayes였습니다. '테스트 결과', '가설', '기본 가정'과 같은 개념은 물론, 테스트 결과를 이용해 가설에 대한 확률을 계산하는 방법을 우리가 알고 있는 것도 모두 베이즈 덕분입니다.

그동안 똑똑한 자연과학자들이나 정신학자들에 의해 개발된 모든 테스트는(이 책에 소개된 테스트 포함) 사실상 1764년 토마스 베이즈의 사후에 공개된『우연이라는 원칙하에 문제를 해결하는 방법에 관한 소론Essay towards solving a problem in the doctrine of chances』에 토대를 두고 있습니다.

알아두면 좋습니다

기회 혹은 위험에 관한 무언가로 당신을 속이려고 하는 모든 것을 불신하십시오. 당신 자신도 믿지 마십시오. 계속 이어지는 질문에 대해서 즉흥적으로 옳은 대답을 할 수 있는 사람은 아무도 없습니다. 그렇게 할 수 있는 사람이라면 이런 종류의 테스트를 이미 숙지하고 있는 사람입니다.

당신은 당신과 같은 해에 태어난 사람들 50만 명 중에 해마다 5,000명이 면역 기능 약화로 새로운 질병에 걸리고 있고 조기에 치료받지 않으면 사망에까지 이른다는 기사를 읽게 됐습니다. 그래서 당신은 약국에서 예방 차원에서 신속 테스트기를 구입합니다. 설명서에는 신뢰율이 90%라고 돼 있습니다. 그러니까 환자 100명 중 10명은 안타깝지만 이 테스트로도 제대로 진단해내지 못한다는 것입니다. 반대로 이 테스트는 건강한 사람 100명 중 10명에 대해서 '환자'라고 오진을 내릴 수도 있다는 뜻입니다. 그런데 놀랍게도 이 신속 테스트에서 당신이 '환자'라고 나옵니다.

당신이 실제로 면역 기능 약화로 인한 질병에
걸렸을 가능성은 얼마일까요?

A. 90.0% B. 81.1% C. 8.3%

정답은 8.3%입니다.

토마스 베이즈가 개발한 확률 계산법의 전형적인 응용 사례입니다. 다음 페이지에 있는 도식에 풀이법이 나와 있습니다. 가장 흥미로운 것은, 도식의 길을 따라가면서 각각의 확률을 계속 곱해야만 이 길의 전체 확률이 나온다는 점입니다. 앞 페이지의 문제에서 "아프다."라는 테스트 결과가 나왔다면, "나는 아프다."라는 가설의 확률은 실제로 얼마나 될까요? 모든 확률 계산에서와 마찬가지로 중요한 경우의 수를 가능성이 있는 모든 경우의 수로 나누어야 합니다. 그러니까 이 예에서는, 길2의 확률을 어떻게든 "아프다."라는 테스트 결과로 이어질 수 있는 모든 길(길1 + 길2)의 합계로 나누어야 하는 것입니다.

확률 8.3%라는 테스트 결과가 혹시 놀라울 정도로 낮다고 여겨지더라도 완전히 마음을 놓기에는 이릅니다. 이 테스트 결과는 테스트하지 않은 연령 집단의 나머지보다 발병 확률이 8.3배나 높다는 것을 의미하기도 합니다. 연령 집단의 나머지는 아플 확률이 불과 1%밖에 되지 않습니다. 더욱 극적으로 표현해보자면, 면역력 약화로 인한 당신의 발병 확률은 다른 사람들보다 830% 더 높습니다.

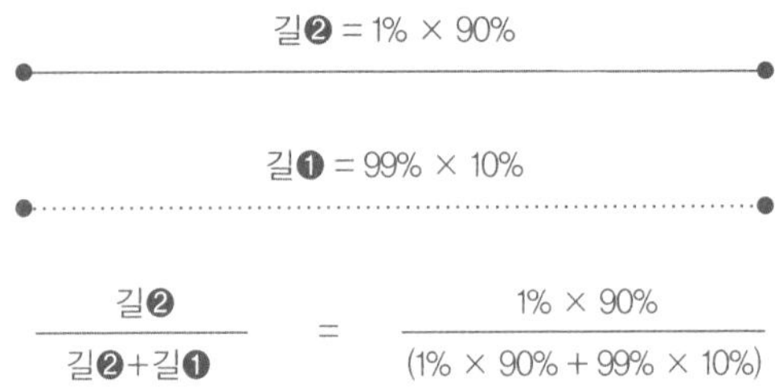


전제 조건 "테스트 결과 '아프다.'"에서 "나는 아프다."의 확률: 8.3%

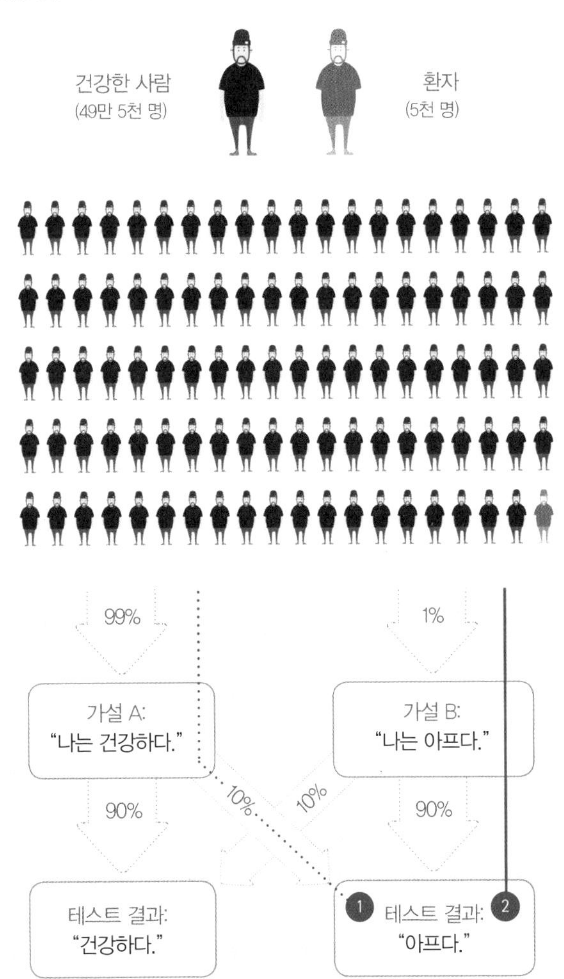
50만 명
건강한 사람
(49만 5천 명)
환자
(5천 명)
99%
1%
가설 A:
"나는 건강하다."
가설 B:
"나는 아프다."
90%
10%
10%
90%
테스트 결과:
"건강하다."
1
테스트 결과:
2
"아프다."

# 부록

## 테스트 이론

• 아이템item

테스트 문항 하나하나를 가리켜 영어 단어 '아이템'을 사용합니다.

• 리커트 척도Likert scale

특정 설문 문항에 대해 균일한 단계로 나누어진 응답 척도에서, 예를 들어 강한 찬성(1), 찬성(2), 중간(3), 반대(4), 강한 반대(5) 중의 하나로 표시하는 방법입니다.

• 사회 선희도social desirability

피검자들이 특히 심리 테스트에서, 의식적으로든 혹은 무의식적으로든 검사 시행자가 듣기를 바라는 쪽으로, 다시 말해 사회적으로 바람직한 것으로 평가되는 방향을 지향해 거짓으로 대답하는 경향을 뜻하는 말입니다. 가장 유명한 예가 바로 음주량을 낮춰서 대답하는 경우입니다.

• 문화 공평성culture fair

피검자의 출신이 테스트 결과에 별다른 영향을 주지 않을 경우, 그 테스트는 문화적으로 공평하다고 할 수 있습니다.

• 구인construct

지능, 창의력, 그리고 성격은 진실이 아니라, 추상적이고 이론적이며 경우에 따라서는 논쟁이 될 수도 있는 구인들입니다.

• 표준화 검사standardized test

테스트가 객관도와 신뢰도, 그리고 타당도를 충족하는 일정한 테스트 절차에 기초하고 있는 경우, 이 테스트는 '표준화'된 것입니다.

• 객관도objectivity

테스트 절차의 결과가 우연한 기본 여건들에 의해 달라지는지 여부를 뜻합니다. 검사 시행자 A와 검사 시행자 B가 동일한 피검인에게서 똑같은 테스트 결과를 제시하는지 여부를 판단하면 됩니다.

• 신뢰도reliability

동일하고 객관적인 조건에서 테스트를 여러 번 시행할 경우, 그 측정 결과의 안정성 정도를 뜻합니다. 이는 테스트의 측정 정확도의 한 기준이 되기도 합니다. 즉 측정 결과가 얼마나 순전히 우연한 분포에 기인한 것인지를 파악하는 척도의 역할을 합니다.

• 타당도validity

측정하고자 하는 변인을 테스트가 정말로 측정하고 있는지에 대한 정도를 뜻합니다. 타당도가 부족한 지능 테스트는, 지능 테스트 질문에 대답하는 능력에 대해서만 말해줄 뿐 무엇을 '똑똑하다'고 정의할 수 있는지에 대해서는 해답을 제시하지 못합니다.

• 천장 효과ceiling effect와 바닥 효과bottom effect

테스트 질문이 너무 쉽다거나 아니면 너무 어려운 경우에 발생하는 측정 오류입니다. 피검자들이 모두 옳은 대답을 하게 되면, 질문이 너무 어려웠을 때와 마찬가지로 누가 더 나은지를 확인하지 못하게 됩니다(천장 효과). 반대로 피검자 중 누구도 단 한 가지 질문에 대해서도 제대로 대답하지 못하는 경우 역시 사람들은 변별해내지 못합니다(바닥 효과). 따라서 최대한 많은 정보를 담고 있는 결과가 도출되도록 하기 위해서는, 대답들이 모든 스펙트럼을 충족하도록 테스트 질문을 구상해야 합니다.

• 정규분포normal distribution

아주 정확한 수치가 제시되지 않는 (자연이나 사람, 혹은 테스트 결과의) 모든 특성은 우연의 법칙에 따라 평균값 주변에 산포됩니다. 순전히 우연에 기인한 이런 산포(특별한 원인에 전혀 영향받지 않는 산포)는 종 모양과 유사한 분포 곡선을 취하는데, 이른바 이 '정규분포'는 카를 프리드리히 가우스Carl Friedrich Gauss에 의해 처음으로 수학적으로 설명됐습니다. 표준 편차는 평균값으로부터의 오차의 크기를 나타냅니다. (정규분포인) 전체 국민과 비교해 자신이 얼마나 훌륭한지를 알고자 한다면, 자신이 얼마나 평균값 이상 혹은 이하로 표준편차를 보이는지를 물어봐야 합니다. 말하자면 테스트에서 얼마나 좋거나 나쁜 점수가 나오는지를 판단하는 것이 아니라, 다른 대답들과 비교해 평균적인가, 평균 이하인가 혹은 평균 이상인가를 판단하는 것입니다.

• 규준 집단norm group

아이를 최고의 스포츠 선수와 비교하지 않기 위해 전체 국민의 일부, 즉 규준 집단과 비교하게 됩니다.

• 특이성specifity과 민감성sensitivity

진단 테스트의 민감성이란, 그 테스트가 실제로 얼마나 많은 아픈 사람을 환자라고 제대로 인식해내는지를 뜻합니다. 특이성은 얼마나 많은 건강한 사람을 실제로 건강하다고 식별하는지를 의미합니다.

# 참고문헌


알코올의존자 테스트

Babor, T., Higgins-Biddle, J., Saunders, J., Monteiro, M.: AUDIT. *The Alcohol Use Disorders Identification Test. Guideline for Use in Primary Care*, World Health Organization WHO, Geneva 2001.

Siehe auch: http://whqlibdoc.who.int/hq/2001/WHO_MSD_MSB_01.6a.pdf, abgerufen am01. 06. 2014.

고령 테스트

Chuard, Claude: »Zur Geschichte der Sterbetafeln«, http://izs.napoleon.ch/upload/dokumente/Hist_Sterbetafeln.pdf, abgerufen am 01.05.2014.

독일 자료: https://www.destatis.de

오스트리아 자료: http://www.statistik.at

스위스 자료: http://www.bfs.admin.ch

Daten der Sterbetafel © Statistisches Bundesamt, Wiesbaden 2013, Vervielfaltigung und Verbreitung, auch auszugsweise, mit Quellenangabe gestattet.

Lebenserwartung online testen: http://symptomat.de/online-test/wie_alt_werde_ich.php?data=true

주의력 테스트

Der originale d2–Test wurde von R. Brickenkamp entwickelt.

Brickenkamp, R., Schmidt–Atzert, L., Liepmann, D.: *Test d2 . Revision (d2–R). Aufmerksamkeits– und Konzentrationstest*, Gottingen: Hogrefe 2010.

아유르베다 테스트

Murray, Angela H.: Ayurveda for Dummies, Chichester 2013.

다양한 유형표: http://www.banyanbotanicals.com/constitutions/,http://www.ayurveda–portal.de/ayurveda–wissen/ayurveda–einfuehrung/ayurveda–konstitutionstabelle.html#.U5TYDsdEP84, http://doshaquiz.chopra.com/, abgerufen am 01. 06. 2014.

바넘 효과

Forer, Bertram R.: ≫The Fallacy of Personal Validation. A Classroom Demonstration of Gullibility≪, in: The Journal of Abnormal Psychology, 44, 1949, S. 118.121.

Nolan, Stuart: TEDxSalford, http://youtube/3Ls9lx_JtuM, abgerufen am 13.05.2014.

베이즈 정리 테스트

Gigerenzer, Gerd: Risiko. *Wie man die richtigen Entscheidungen trifft*, Munchen 2013.

http://de.wikipedia.org/wiki/Gigerenzer

벡델 테스트

http://bechdeltest.com

http://therepresentationproject.org

Die abgebildete Tabelle ist eine verkurzte Version der Tabelle von Daniel Mariani. Neben weiteren interessanten Infografiken (≫Visualizing the Bechdel Test≪) zu finden auf: www.tenchocolatesundaes.blogspot.com.br

### 인지도 테스트

Gosling, Sam: Snoop, London 2008.

Nathanson, Craig, Williams, Kevin M., Paulhus, Delroy L.: *The Diagnostic Value of Academic and Music Knowledge for Estimating Cognitive ability and Narcissism*, University of British Columbia. Siehe auch: http://neuron4.psych.ubc.ca/~dellab/research/oct.html, abgerufen am 30. 05. 2014.

### 빅 파이브 테스트

Gosling, S. D.: *Snoop. What Your Stuff Says About You*, London 2008.

Gosling, S. D., Rentfrow, P. J., Swann, W. B., Jr.: ≫A Very Brief Measure of the Big Five Personality Domains≪, in: Journal of Research in Personality, 37, 2013, S. 504.528. Siehe auch: http://homepage.psy.utexas.edu/HomePage/Faculty/Gosling/scales_we.htm, abgerufen am 01.06.2014.

Normverteilung mit freundlicher Genehmigung von Jason Rentfrow, University of Cambridge, Department of Psychology.

Ostendorf, F., Angleitner, A.: *NEO-Personlichkeitsinventar nach Costa und McCrae. Revidierte Fassung* (NEO-PI-R), Gottingen: Hogrefe 2004.

### 체질량 지수

Interview mit Katherine Flegal: ≫Katherine Flegal Discusses the Prevalence of Obesity in the US≪,

http://archive.sciencewatch.com/ana/st/obesity2/10sepObes2Fleg/, abgerufen am 30. 05. 2014.
지능형 BMI 계산기: http://de.smartbmical culator.com, abgerufen am 11. 06. 2014.

## 쿠퍼 테스트

Cooper, K. H.: ≫A means of assessing maximal oxygen uptake≪, in: *Journal of the American Medical Association*, 203, 1968, S. 201.204.

## 카피 테스트

Seibt, Constantin: Deadline. Wie man besser schreibt, Zurich 2013.
http://www.economist.com/styleguide, abgerufenam 14. 05. 2014.

## 핵심 자기 평가

Judge, T. A., Erez, A., Bono, J. E., Thoresen, C. J.:
≫The core self-evaluations scale: Development of a measure≪, in: *Personnel Psychology*, 56/2, 2003.

## 차별 테스트

Der ≫Rejection Sensitivity-Race Scale≪ wurde fur US-Afroamerikaner konzipiert, die Ergebnisse konnen also mit dem europaischen Kontext nicht verglichen werden. Trotzdem ist die Auseinandersetzung mit den Fragen hilfreich. Der gesamte Test und die Studie kann auf der Webseite des Instituts eingesehen werden:
http://socialrelations.psych.columbia.edu.

Gladwell, Malcolm: *Blink! Die Macht des Moments*, Frankfurt am Main 2005.

Mendoza–Denton, R., Downey, G., Purdie, V., Davis, A.: ≫Sensitivity to Race–Based Rejection. Implications for African–American Students' College Experience≪, in: *Journal of Personality and Social Psychology*, 83, 2002, S. 896.918.
Tierny, John: ≫A Shocking Test of Bias≪, http://tierneylab.blogs.nytimes.com/2008/11/18/a–shocking–test–of–bias/?_php=true&_type=blogs&_r=0, abgerufen am 01.05.2014.

### 얼음물 테스트

Moreira Tiplt, Ana Lucia: Schmerztherapie und Akupunktur. *Eine interkulturelle Begegnung am Beispiel einer interdisziplinaren Schmerzambulanz*, Munchen 2010. Siehe auch: http://edoc.ub.unimuenchen. de/12032/1/Tiplt_Ana_Lucia.pdf, abgerufen am 01. 06. 2014.

### 부모 테스트

Bowles, Colin: *The Beginner's Guide to Fatherhood. What to Do, When You Haven't a Clue*, Skyview 2012.

### EQ 테스트

Goleman, Daniel: *EQ. Emotionale Intelligenz*, Munchen 2001.
Mayer, J. D., Salovey, P., Caruso, D. R.: ≫Emotional Intelligence. Theory, Findings, and Impications≪, in: *Psychology Inquiry*, 15/3, 2004. Siehe auch: http://www.calcasa.org/wp–content/uploads/files ei2004mayersalove ycarusotarget.pdf,abgerufen am 09. 03. 2014.
Vasek, Thomas, *Inflation der Anerkennung*, http://www.brandeins.de/archiv/2011/respekt/inflation–

deranerkennung.html, abgerufen am23. 02. 2014.

누락의 공포 테스트

Przybylski, A. K., Murayama, K., DeHaan, C. R., Gladwell, V.: ≫Motivational, emotional, and behavioral correlates of fear of missing out≪, in: *Computers in Human Behavior*, 29, 2013, S.1814 .1848. Siehe auch: http://www.andrewprzy bylski.me/resources/2013_FearofMissingOut.pdf,abgerufen am 31. 05. 2014.

Turkle, Sherry: *Alone Together. Why We Expect More from Technology and Less from Each Other*,New York 2013.

풍수 테스트

Isemann, Thomas (Feng-Shui-Berater): Interview mit den Autoren am 15. 03. 2014.

GMAT

Yeaple, Ronald: ≫MBA Play≪, http://www.forbes.com/sitesronal-dyeaple/2012/08/06/what-thegmat-doesnt-predict/, abgerufen am 13. 06. 2014.

GMAT-Scoreboard: http://poetsandquants.com/2014/01/04/why-53-countries-beat-the-u-s-on-the-gmat/2/Brunner, Simon, Kemming, Jan-Dirk: Interview mit den Autoren.

필적학 테스트

Klages, Ludwig: *Handschrift und Charakter.Gemeinverstandlicher Abri der graphologischen Technik*, Bonn 1989.

### 손 사용 테스트

Oldfield, R. C.: ≫The Assessment and Analysis of Handedness. The Edinburgh Inventory≪, *Neuropsychologia*, 9, 1971, S. 97.113.

Seynsche, Monika: ≫Die falsche Hand und das richtige Hirn≪, http://www.deutschlandfunk.de/die-falsche-hand-und-das-richtige-hirn.740.de.html?dram:article_id=111557, abgerufen am01. 06. 14.

Test in Anlehnung an Edinburgh Handedness Inventory (Revised): Williams, Dr. Stephen M., Colchester, Version 1.1, http://homepage.ntlworld.com/steve.williams7/A%20major%20revision%20of%20the%20Edinburgh%20Handedness%20Inventory.pdf , abgerufen am 30. 05. 2014.

### IQ 테스트

Gurtler, Detlef: *Wir sind Elite. Das Bildungswunder*, Gutersloh 2009.

다양한 직업을 위한 현대의 IQ 범위:

http://www.iqcomparisonsite.com/occupations.aspx, abgerufen am 30. 06. 2014.

### 내세 테스트

Krogerus, Mikael: ≫Reisefuhrer in den Himmel≪, in: DUMMY Magazin, Heft 40.

### 직업 테스트

Hossiep, R., Paschen, M.: *Bochumer Inventar zur berufsbezogenen Personlichkeitsbeschreibung. 2., vollstandig uberarbeitete Auflage (BIP).* Gottingen: Hogrefe 2003.

Ware; Bronnie: *5 Dinge, die Sterbende am meisten bereuen. Einsichten, die Ihr*

*Leben verandern werden*, Munchen 2013.

### 면접 테스트

Bryant, Adam: ≫In Head–Hunting, Big Data May Not Be Such a Big Deal≪, Interview mit Laszlo Bock, http://www.nytimes.com/2013/06/20/business/in–head–hunting–big–data–may–not–besuch–a–big–deal.html, abgerufen am 27.05.2014.

Friedman, Thomas L.: ≫How to Get a Job at Google≪, http://www.nytimes.com/2014/02/23/opinion/sunday/friedman–how–to–get–a–job–at–google.html, abgerufen am 01. 06. 2014.

### 공안 테스트

Faure, Bernard: The Rhetoric of Immediacy. A Cultural Critique of Zen, Princeton 1994.

Merton, Thomas: *Mystics and Zen Masters*, New York 1967.

Takada, Yoshihito: *Talking About Buddhism*, Tokio 1997.

Watts, Alan W.: *The Way of Zen*, New York 1957.

Yamada, Mumon: *How to Practice Zazen*, Kyoto, Institute for Zen Studies.

### 창의력 테스트

Beilock, S. L., Carr, T. H.: ≫On the Fragility of Skilled Performance. What Governs Choking Under Pressure?≪, in: *Journal of Experimental Psychology*,
130/4, 2001, S. 701.725.

Dippo, Caitlin: ≫Evaluating The Alternative Uses Test of Creativity≪, http://www.ncurproceedings.org/ojs/index.php/NCUR2013/article/viewFile/547/346, abgerufen am 31. 05. 2014.

Jarosz, A. F., Colflesh, G. J. H, Wiley, J.: ≫Uncorking the Muse. Alcohol Intoxication Facilitates Creative Problem Solving≪, in: *Consciousness and Cognition*,
21, 2012, S. 487.493.
Munro, John: ≫Insights into the Creativity Process. Identifying and Measuring Creativity≪,
https://students.education.unimelb.edu.au/selage/pub/readings/creativity/UTC_Assessing__creativity_.pdf, abgerufen am 31. 05. 2014.

## 편측성 테스트

McGilchrist, Iain: *The Master and His Emissary.The Divided Brain and the Making of the Western World*, New Haven / London 2012. Siehe auch: https://www.ted.com/talks/iain_mcgilchrist_the_divided_brain, http://www.telegraph.co.uk/news/good-to-share/10515373/Are-you-right-brainedor-
left-brained.html
Brugger, Peter: Gesprach mit den Autoren am 14. 05. 2014 in Zurich.

## 리더십 테스트

Neubauer, A. C., Bergner, S., Felfe, J.: *Leadership Judgement Indicator (LJI). Deutschsprachige Adaptation des Leadership Judgement Indicator (LJI) von Michael Lock und Robert Wheeler*, Bern 2012.
Lotter, Wolf: ≫Goodbye, Johnny≪, in: *brandeins*, Bd. 02/2006, http://www.brandeins.de/archiv/2006/leadership/goodbye-johnny.html, abgerufenam 15.05.2014.
http://www.formula4leadership.com, abgerufen am 23. 05. 2014.

학습 유형 테스트

www.vark-learn.com, www.wikihow.com/Learn

읽기 테스트

www.spritzinc.com

팔굽혀펴기 테스트

Coburn, Jared W., Malek, Moh H.: *NSCA's Essentials of Personal Training*, Champaign 2012.

Golding, L. A. et al.: *Y's Way to Physical Fitness. The Complete Guide to Fitness Testing and Instruction*, Champaign 1986.

Hoffmann, Jay: N*orms for Fitness, Performance, and Health*, Champaign 2006.

McArdle, W. D. et al: *Essentials of Exercise Physiology*, Philadelphia 2006.

Niemann, D. C.: *Exercise Testing and Perscription. A Health Related Approach*, Mountain View 1999.

팔굽혀펴기 더 많이 하는 법: http://www.youtube.com/watch?v=AtGqLm9HDSU, abgerufen am01. 06. 2014.

자 테스트

Marieb, Elaine N.: *Human Anatomy and Physiology*, San Francisco 2003.

손가락 반응 시간: http://hypertextbook.com/facts/2006/reactiontime.shtml

반응 시간: http://www.topendsports.com/testing/tests/reaction-stick.htm

거짓말 탐지기&리드 기법

Inbau, Fred E., Reid, John E., Buckley, Joseph P.,
Jayne, Brian C.: *Essentials Of The Reid Technique. Criminal Interrogation and Confessions*, Burlington 2013.

Kroll, Ottmar, ≫Reid-Methode≪, http://www.krimlex.de/artikel.php?BUCHSTABE=&KL_ID=224,abgerufen am 14. 05. 2014.

Starr, Douglas: ≫The Interview≪, http://archives.newyorker.com/?i=2013-12-09#folio=042,abgerufen am 14. 05. 2014.

Volyk, Andriy: ≫History of the Polygraph≪, http://www.wikihow.com/Cheat-a-Polygraph-Test-(Lie-Detector), abgerufen am 01. 06. 2014.

거짓말 탐지기의 역사: http://www.argo-a.com.ua/eng/history.html, abgerufen am 14. 05. 2014.

극대화 테스트

Gross, Peter: *Die Multioptionsgesellschaft*, Frankfurt am Main 1994.

Nenkov, G. Y., Morrin, M., Ward, A., Schwartz, B.,
Hulland, J.: ≫A short form of the Maximization Scale. Factor structure, reliability and validity studies≪, in: *Judgment and Decision Making*, Band 3/5, 2008.

마이어스-브릭스 성격유형지표

Gladwell, Malcolm: ≫Personality Plus≪, http://www.newyorker.com/archive/2004/09/20/040920fa_fact_gladwell, abgerufen am02. 05. 2014.

Myers, I. B., McCaulley, M. H., Quenk, N. L., Hammer, A. L.: *MBTI Manual. A Guide to the Development and Use of the Myers-Briggs Type Indicator*, Mountain View 1998.

Paul, Annie Murphy: *The Cult of Personality Testing. How Personality Tests*

*Are Leading Us to Miseducate Our Children, Mismanage Our Companies, and Misunderstand Ourselves*, New York 2005.

### 나르시시즘 테스트

Cheek, J. M., Hendin, H. M., Wink., P. M.: *An Extended Version of the Hypersensitive Narcissism Scale*, June Posters 2013.

Kaufman, Scott Barry: ≫23 Signs You're Secretly a Narcissist Masquerading as a Sensitive Introvert≪, http://blogs.scientificamerican.com/beautifulminds/
2013/08/26/23-signs-youre-secretly-anarcissist-masquerading-as-a-sensitive-introvert/,
abgerufen am 11.06.2014.

Lasch, Christopher, *Das Zeitalter des Narzissmus*, Munchen 1982.

Maaz, Hans-Joachim: *Die narzisstische Gesellschaft. Ein Psychogramm*, Munchen 2012.

### 옥스브리지 테스트

Farndon, John: *Halten Sie sich fur schlau? Die beruchtigten Testfragen der englischen Eliteuniversitaten*, Munchen 2012.

### 정치성 테스트

Politicalcompass.org, euandi.eu, Smartvorte.ch

### 리스크 테스트

Ferber, Michael: *Was Sie uber Geldanlage wissen sollten. Ein Wegweiser der Neuen Zurcher Zeitung fur Privatanleger*, Zurich 2012.

Jorg Perrin, Petra: *Geschlechts- und ausbildungsspezifische Unterschiede im*

*Investitionsverhalten*, Bern 2007.

Niedermayer, Daniel, Wagner, Marcel: *Exchange Traded Funds und Anlagestrategien*, Zurich 2012.

로르샤흐 테스트

Burstein, Alvin G., Loucks, Sandra: *Rorschach's Test. Scoring and Interpretation*, New York 1989.

Exner, John E. Jr: *Rorschach–Arbeitsbuch fur das Comprehensive System*. Deutschsprachige Fassung des ≫*A Rorschach Workbook for the Comprehensive System – Fifth Edition*≪, ubersetzt von Irmgard Slanar. Bern: Verlag Hans Huber, 2010.

교육 테스트

Onion, Rebecca: ≫Test Your Kids' Knowledge Against the Well–Informed Children of 1930≪, http://www.slate.com/blogs/the_vault/2013/10/25/information_test_written_to_assess_children_in_1930.html, abgerufen am 30. 05. 2014.

시력 테스트

The Foundation of the American Academy of Ophthalmology: ≫Herman Snellen≪, http://museum ofvision.org/dynamic/files/uploaded_files_file name_157.pdf, abgerufen am 30. 05. 2014.

셀프 리더십 테스트

Adaptiert von Houghton, J. D., Dawley, D., DiLiello, T. C.: ≫The Abbreviated Self–Leadership Questionnaire (ASLQ): A More Concise Measure of Self–Leadership≪, *in*: *International Journal of Leadership Studies*,

7, 2012, S. 216.232.
Die deutsche Version des RSLQ, der Langversion des ASLQ, finden Sie online auf: http://www.unikiel.de/psychologie/AOM/index.php/self-leadership-questionnaire.html

### 섹스 테스트

Hudson, W. W.: The WALMYR Assessment Scales
Scoring Manual, Tallahassee, FL, WALMYR Publishing
Co. 1992, www.walmyr.com, Copyright © 1992,
Walter W. Hudson.

### 유연성 테스트

Robbins, Gwen, Powers, Debbie, Burgess, Sharon: *A wellness way of life*, New York 2004.
Backscratch: http://www.topendsports.com/testing/tests/shoulder-flexibility.htm, abgerufen am 02. 04. 2014.

### 사회적 가치 지향성 테스트

Griesinger, D. W., Livingston, J. W.: ≫Toward a model of interpersonal motivation in experimental games≪, in: *Behavioral Science*, 18, 173.188, 1973
Murphy, R. O., Ackermann, K. A.: ≫Social Value Orientation. Theoretical and Measurement Issues in the Study of Social Preferences≪, in: Personality and Social Psychology Review, 2013.

### 거울 테스트

Nemitz, Rolf: http://lacan-entziffern.de

Rouge-Test: http://medlibrary.org/medwiki/Rouge_test

### 황새 테스트

Johnson, B. L., Nelson, J. K.: Practical Measurements for Evaluation in Physical Education, Minneapolis 1979.

Mackenzie, B.: ≫Standing Stork Test≪, http://www.brianmac.co.uk/storktst.htm, abgerufen am 22. 05. 2014.

Normtabelle: Schell, J., Leelarthaepin,B.: *Physical Fitness Assessment in Exercise and Sports Science*, Leelar Biomedisience Services, Matraville 1994, S. 327.

Vergleichsstudie Einbeinstand und Verletzungsgefahr: Wyss, T., Roos, L., Wunderlin, S., Mader, U.: ≫Comparsion of Two Balance Tests to Predict Injury Risk in a Military Setting≪, in: *Book of Abstracts*, 17th Congress of the European College of Sport Science, Brussel 2012, S. 605.

### 스트레스 테스트

Levitan, Sar A., Gallo, Frank: ≫Work and Family.

The Impact of Legislation≪, *Monthly Labour Review*, Marz 1990, http://www.bls.gov/opub/mlr/1990/03/art5full.pdf, abgerufen am 31. 05. 2014.

Maslach, Christina, Jackson, Susan E.: The Measurement of Experienced Burnout, in:*Journal of occupational behaviour*, Bd. 2, 1981, S. 99.113, http://onlinelibrary.wiley.com/doi/10.1002/job.4030020205/pdf, abgerufen am 31.05.2014.

Parakati, Vania: ≫The History of Work/Life Balance. It's Not as New as You Think≪, 2010, http://www.examiner.com/article/the-history-of-work-lifebalance-it-s-not-as-new-as-you-think-1, abgerufen am

31. 05. 2014.
Wheeler, Kevin: ≫Figuring Out Work-Life Balance≪, 2007, http://www.ere.net/2007/01/11/figuring-outwork-life-balance/ , abgerufen am 31. 05. 2014.

## 주관적 행복 척도

Lyubomirsky, Sonja: *Glucklich sein. Warum Sie es in der Hand haben, zufrieden zu leben*, Frankfurt am Main 2008.
Normierung: Lyubomirsky, S., Lepper, H.: ≫A Measure of Subjective Happiness. Preliminary Reliability and Construct Validation≪, in: *Social Indicators Research*, 46, 1999, S. 137.155, http://sonjalyubomirsky.com/wp-content/themes/sonjalyubomirsky/papers/LL1999.pdf, abgerufen am 17. 06. 2014.
Siehe auch: http://sonjalyubomirsky.com
Rubin, Gretchen: *Das Happiness-Projekt. Oder: Wie ich ein Jahr damit verbrachte, mich um meine Freunde zu kummern, den Kleiderschrank auszumisten, Philosophen zu lesen und uberhaupt mehr Freude am Leben zu haben*, Frankfurt am Main 2011.

## 기질 테스트

Asendorpf, Jens B., Meyer, Franz J.: *Psychologie der Personlichkeit*, Berlin 2012.
Littauer, Florence: Einfach typisch! Die vier Temperamente unter der Lupe, A ar 2002.

## 튜링 테스트

Marcus, Gary: ≫Why Can't My Computer Understand Me?≪, The New

Yorker vom 16. 08. 2013,
http://www.newyorker.com/online/blogs/elements/2013/08/why-cant-my-computer-understandme.html, abgerufen am 30. 05. 2014. Pietsch, Katharina: ≫Ridley Scotts Blade Runner'(1982)≪, http://www.ruhr-uni-bochum.de/philosophy/didaktik_kultur/pdf/TexteUtopie/Blade%20Runner.pdf, abgerufen am 30. 05. 2014.

### 시계 테스트

K ner, Ejnar Alex, Lauritzen, Lise, M keberg Nilsson, Flemming, Lolk, Annette, Christensen, Peder: ≫Simple Scoring of the Clock-Drawing Test for Dementia Screening≪, in: *Danish Medical Journal*, 59, 2012, http://www.danmedj.dk/portal/page/portal/danmedj.dk/dmj_forside/PAST_ISSUE/2012/DMJ_2012_01/A4365, abgerufen am30. 05. 2014.
알츠하이머 뉴스: http://www.nhs.uk/news/2011/08August/Documents/Alzheimer's%20in%20the%20press.pdf, abgerufen am01. 06. 2014.

### 수직 점프 테스트

Arkinstall, M. et al.: Macmillan VCE Physical Education 2, Malaysia 2010.
Briggs, Marc: *Training for Soccer Players*, Ramsbury 2013.
Hoffman, Jay: *Norms for Fitness, Performance, and Health*, Champaign 2006.
수직 점프 표준 테이블: http://www.topendsports.com/testing/norms/vertical-jump.htm, abgerufen am 18. 06. 2014.

### 짝과의 관계 테스트

Fromm, Erich: *Die Kunst des Liebens*, Berlin 1989.
Palmen, Connie: ≫Letzte Fragen≪, in: *Das Magazin*, 51, 2005.

### 부자 테스트

Druyen, Thomas, Lauterbach, Wolfgang, Grundmann, Matthias (Hrsg.): *Reichtum und Vermogen. Zur gesellschaftlichen Bedeutung der Reichtumsund Vermogensforschung*, Wiesbaden 2009.

Firebaugh, Glenn, Tach, Laura: ≫Income and Happiness in the United States≪, 2004, http://citation.allacademic.com/meta/p_mla_apa_research_citation/0/1/8/1/6/pages18167/p18167-1.php, abgerufen am 31. 05. 2014.

흥미로운 자산 비교: www.globalrichlist.com

### WpM 테스트

Mueller, Pam A., Oppenheimer, Daniel M.: ≫The Pen Is Mightier Than the Keyboard. Advantages of Longhand Over Laptop Note Taking≪, *Psychological Science*, April 2014, http://www.academia.edu/ 6273095/The_Pen_Is_Mightier_Than_The_Key board_Advantages_of_Longhand_Over_Laptop_Note_Taking, abgerufen am 18. 06. 2014.

빠르게 타이핑 하는 법: http://hackmystudy.com/how_to_type_faster_free.html

### 우울증 테스트

Whooley, Mary A., Avins, Andrew L., Miranda, Jeanne, Browner, Warren S.: ≫Case-Finding Instruments for Depression. Two Questions Are as Good as Many≪, in: *Journal of General Internal Medicine*, Juli 1997, S. 439.445, http://www.ncbi.nlm.nih.gov/pmc/articles/PMC1497134/,abgerufen am 30.05.2014.

Kroenke, K., Spitzer, R. L., Williams, J. B., Monahan, P. O., Lowe, B.:

≫Anxiety disorders in primary care: prevalence impairment, comorbidity, and detection≪,
in: Annals of Internal Medecine, 2007.

메모

# 나에 관해서
# 내가 눈치채고 있는 것들

**미카엘 크로게루스**

쿠퍼 테스트(12분간 달리기): 3,000m(매우 좋음).
감성 지수(MSCEIT™): 112.
두 가지 질문을 이용한 우울증 테스트: 우울증 아님.
MBTI: ENFP 유형(열광적이고 아이디어가 풍부하지만, 남들의 호평을 많이 필요로 함).
소셜 미디어 중독증: 몹시 심함.
손잡이: 양손잡이.
아유르베다 체질: 바타.
스위스 귀화 테스트: 불합격.

로만 채펠러
IQ(연역적 사고 I-S-T 2000 R): 119.
리더십 유형: 지시형.
주의력 테스트: 충동적.
팔굽혀펴기 테스트: 36개.(좋음)
MBTI: ESTJ 유형(모든 것을 올바로 처리하고 유감스럽게도 다른 사람들도 역시 그렇게 하기를 기대함).
풍수 테스트: 8점(매우 좋음).
리스크 테스트: 탁월한 투자 전략.
BMI: 26.8.
스위스 귀화 테스트: 합격.

알아두면 좋습니다

www.rtmk.ch

치약 성격 테스트

충동적인 스타일, 파티쟁이

절약하는 스타일, 우울증 성향

우둔한 스타일, 고집쟁이

비사회적 스타일, 입 냄새 심함

**옮긴이** 김세나

한국외국어대학교 독일어과와 동 대학 통역번역대학원을 졸업했다. 현재 한국외국어대학교 통번역센터 연구원, 서울중앙지방법원과 서울고등법원 법정 통역사, 국제회의 통역사, KBS 동시통역사로 활동하고 있으며, 출판번역 에이전시 베네트랜스에서 전문 번역가로도 활동하고 있다. 옮긴 책으로는 《디지털치매》《생각하는 여자는 위험하다》《아이 엠I AM》 등 다수 있다.

TEST
BOOK

# 테스트북

2015년 2월 26일 초판 1쇄 발행
2016년 3월 29일 초판 2쇄 발행

지은이 | 미카엘 크로게루스, 로만 채펠러
발행인 | 이원주
책임편집 | 김은경
책임마케팅 | 문무현

발행처 | (주)시공사
출판등록 | 1989년 5월 10일(제3-248호)

주소 | 서울시 서초구 사임당로 82(우편번호 137-879)
전화 | 편집(02)2046-2853 · 마케팅(02)2046-2881
팩스 | 편집(02)585-1755 · 마케팅(02)585-1755
홈페이지 | www.sigongsa.com

ISBN 978-89-527-7261-9 03180